Adolf Bastian

Die Vorgeschichte der ethnologie Deutschlands

Adolf Bastian

Die Vorgeschichte der ethnologie Deutschlands

ISBN/EAN: 9783743621916

Hergestellt in Europa, USA, Kanada, Australien, Japan

Cover: Foto ©ninafisch / pixelio.de

Weitere Bücher finden Sie auf **www.hansebooks.com**

DIE

VORGESCHICHTE DER ETHNOLOGIE

DEUTSCHLAND'S DENKFREUNDEN

GEWIDMET

FÜR EINE MUSSESTUNDE

BERLIN

FERD. DÜMMLERS VERLAGSBUCHHANDLUNG

HARRWITZ UND GOSSMANN

1881.

Ob die Zeit für dieses Schriftchen schon gekommen, muss der Erfolg entscheiden. Gedanken daran schwirrten mir seit Jahren bereits durch den Kopf, und da sie sich jetzt einigermaassen zusammen zu ordnen scheinen, übergebe ich sie der Beurtheilung Anderer. Für Rectificationen wird noch Arbeit genug sein, und da Viele mehr sowohl, wie meist auch besser, sehen, als der Einzelne, fühlt sich der Wunsch nach einer Controlle, im Für oder Wider.

December 1880.

A. Bastian.

Die Geschichte handelt vom Geschehenen, sie kann also kaum an ein Studium herantreten, dessen Vergangenheit nur wenig von bereits Geschehenem zu reden giebt, dessen Hoffnungen vielmehr in dem liegen, was in der Zukunft geschehen soll.

Eben solcher Zukunft aber mag es später nutzbar sein, wenn die Vorschattirungen des in ihr Gewordenen aus der Vergangenheit beleuchtet sind, ehe sie sich vor dem neu aufsteigenden Lichte verdunkelt haben werden.

Die Jugend der Ethnologie, dieser jüngst geborenen, oder, wenn man will, kaum erst in embryonaler Entwicklung befindlichen Wissenschaft, ergiebt sich von selbst aus der ihr gestellten Aufgabe. Die Ethnologie bezeichnet sich in der Etymologie ihres Namens als die Lehre von den Völkern auf der Erde, sie bedarf also klärlich genug, vorher eine Uebersicht derselben, — vorher, ehe sie zu arbeiten beginnen kann, des Materiales, welches das thatsächliche Substrat dafür zu bilden hat. Eine solche Ueberschau kann indessen, der Natur der Sache nach, nicht früher gesetzt werden, als seit dem Zeitalter der Entdeckungen, und mit ihm datirt also erst die Möglichkeit einer Ethnologie, von welcher Möglichkeit ein weiter Weg noch zu durchwandern war bis zu ihrer Verwirklichung, bis zur Urbarmachung desjenigen Bodens, auf welchem es jetzt versucht wird, die ersten Keime anzupflanzen.

Andere der inductiven Naturwissenschaft freilich, die gleichfalls jene grosse Epoche des neuen Tagesanbruches als Vorbedingung ihrer Existenz bedurften, wie Botanik oder Zoologie,

sind rascher zu systematischer Vollendung herangereift, weil ihnen
ein deutlich und fest umschriebenes Feld der Beobachtung vorlag,
wogegen die Ethnologie, die als die Wissenschaft vom Menschen
einen letzten Abschluss anstreben soll, nur langsamer Entwicklung
fähig ist, denn sie hängt ab von der Hülfe und Stütze der Uebrigen,
von dem Ausbau der Stufen, auf welchen sie emporzusteigen hat.
Erst nachdem die in Chemie und Physik zum vollen Durchbruch
gelangte Induction vom Anorganischen zum Organischen fort-
schreitend, in der Physiologie an die Grenzen des Körperlichen
gelangt war, konnte es ihren, mittelst der comparativen Methode
beständig ergänzten Riesenkräften, nicht zu gewagt erscheinen,
in der naturwissenschaftlich umgestalteten Psychologie das Geistes-
reich zu betreten, um in der Analyse der Völkergedanken das
Wahrzeichen der Ethnologie aufzustecken.

Grade weil die Wurzeln der Ethnologie in einer Vielheit
anderer Wissenschaften eingebettet liegen, dürfte es angezeigt sein,
den ersten Regungen der Lebensfädchen nachzugeben und sie in
ihrer Zerstreutheit zu fixiren, ehe sie, wenn erst der stolze Bau in
majestätischer Pracht dasteht, bei dem durch diese gefesselten
Blick vergessen sein werden.

Neben Psychologie und Geographie sind für den anthropologischen Zweig der Menschheitswissenschaft Physiologie und
Anatomie zu nennen, dann die Alterthumskunde, besonders in
ihrer urgeschichtlichen Form, und ferner sämmtliche Wissenschaften, die direct oder indirect den Gesellschaftscharakter in
seiner jedesmaligen Eigenartigkeit beeinflussen, wie Geschichte mit
Religionslehren und Philosophie, mit Rechtsinstitutionen und Politik,
mit Aesthetik und den schönen Künsten bis zur Technologie und
den Kleingewerben.

Es würde sich nun von vorneherein die Frage aufwerfen,
wann die Ethnologie zuerst in's Leben getreten, oder vielmehr,
wann ihre Voranlagen kräftig genug zu pulsiren begannen, um sich
dem Gesellschaftsorganismus als eine zu selbstständiger Abtrennung
drängende Wesenheit fühlbar zu machen.

Das Alterthum braucht uns vorläufig nicht aufzuhalten, denn obwohl sich bei der, als in dem Interesse des eigenen Volkes concentrirenden, insofern rein subjectiven Geschichtsschreibung durch gelegentliche Seitenblicke aus Herodot, Strabo, Plinius, Ammianus u. s. w., ebenso wie aus Hippocrates *) und einigen Philosophen manch werthvolle Notizen (gleichwie aus den Rassen-Unterscheidungen auf ägyptischen Monumenten) entnehmen lassen, obwohl sich für solche selbst die Fabelmenschen, die an dem geographischen Horizont des Mittelalters umherhuschten, mitunter verwerthen lassen, so war doch die Möglichkeit objectiver Umschau eine, wie bereits gesagt, einfache Unmöglichkeit an sich, ehe nicht die kühnen Seefahrer, das atlantische „Meer der Nebel und des Dunkels" durchbrechend, im glänzenden Triumphzug durch neue Welten den Globus abgerundet. Mit wirrem Staunen lauschte Europa der wundersamen Mähre, die sie zurückbrachten, den Erzählungen aus einem alter orbis, oder orbis novus, von den Antipoden und zugehörigen Unbegreiflichkeiten, die seit sie in den Briefen Peter Martyr's ihren ersten Ausdruck gefunden, nun von allen Seiten heranzustürmen begannen, um in den Strassburger und andern Drucken, in der von Hylacomylus, Appianus, Frisius gelieferten Nahrung von dem ungeduldigen Heisshunger des Publikums verschlungen zu werden. Damals wurde viel und rasch in kürzester Zeit assimilirt, so dass sich diese mit der gleichzeitig astronomischen Revolution durchgreifendste Umgestaltung der Weltanschauung — wie sie jemals auf unserm Planeten getagt hat, und in gleicher Bedeutung niemals wieder zum zweiten Male tagen kann — weit unmerklicher vollzog, als man a priori denken sollte.

Das Warum indess, wie sich leicht ergiebt, lag darin, dass das durchgreifend Radicale dieser Umgestaltung nicht realisirt

---

*) Auf die Schrift περὶ φύσεως ἀνθρώπου geht Broca zurück, für die qualification d'anthropologues, ἀνθρωπολόγοι (bei den alten Philosophen Griechenland's), und daneben liesse sich die Abhandlung περὶ ἀέρων, ὑδάτων, τόπων nennen, in Hindeutung auf geographische Provinzen der Ethnologie.

wurde, indem die ganze Masse des Unbekannten, die so unvermittelt plötzlich hereinstürzte, für's Erste gewissermaassen nur betäubend wirkte. Vor lauter Gewunder kam man nicht zu sich selbst, und nachdem die erste Neugierde befriedigt war, verlangte der über-reizte Appetit, durch zu viel exotische Stimulantia verwöhnt, nach immer crasseren Abnormitäten, wenn die Aufmerksamkeit gefesselt werden sollte. Was interessirte, war nur das Curiose, die wilden Menschen mit ihren anthropophagischen Festen, mit heidnischen Greueln, im wüsten Behang des Feder- und Blätter-putz. Das war die Völkerkunde damaliger Zeit. Aber wie die Alchemie zur Chemie, so hat diese Curiositätensucht durch Raritätenkabinette zu ethnologischen Museen geführt.

Der mächtigste Impuls kam mit der zweiten Periode der Entdeckungen, die der Südsee, die sich an Cook's Namen knüpft, und den seiner französischen Rivalen.

Die erste Periode, als deren Repräsentanten in diesem Zu-sammenhange Diego Cam und Vasco de Gama, Columbus und Magelhaen's zu gelten hätten, vollzog sich im Sturm und Drang wilder Kämpfe, blutiger Eroberungen, barbarischer Versklavung, und dann jedes edle Gefühl erstickender Geldgier oder Jagd nach Handelsgewinnst. Ausserdem stand damals Alles noch so fremd und unverständlich gegenüber, dass selbst Raum für Zweifel war, ob die Geschöpfe, die man vor sich sah, Menschen zu nennen seien, bis ein päpstliches Decret darüber entschied, und so den ethnologischen Zoophilen in die Quere kam, ehe ihnen spätere Sympathien zu Gute kommen konnten.

Ganz anders die Sympathien für die bis zur Vergötterung geschmeichelten Naturkinder in jener zweiten Periode, ganz anders aber auch der Geist, der die Expeditionen leitete, unter deren Theilnehmern die Namen eines Banks und Forster glänzen.

Damals war es denn auch, wo wir den Namen der Ethno-logie oder Ethnographie mit schärferer Bestimmtheit ausgesprochen hören, wo darauf bezügliche Schriften und Abhandlungen sich mehren, wo Ahnungen dann eines neu zu begründenden Losungswortes

die Luft durchzuckten, in mehr weniger klaren oder unklaren Vorstellungen, bis Herder's philosophischem Geist die Ideen zu einer
Geschichte der Menschheit entsprangen.

Bald wurde bereits, die Bahn der Induction betretend, in deutscher Literatur ein Magazin für Ethnographie und Linguistik
eröffnet (1808), wobei in einem Mitherausgeber des Mithridates
die sprachlichen Anrechte der Ethnologie einen würdigen Vertreter
fanden, während ungefähr gleichzeitig die physiologischen der Anthropologie sich unter Blumenbach's gefeierten Namen stellen konnten.

Hiermit war fester Boden unter den Füssen gewonnen, und
fortan war die Entwicklung der neuen Wissenschaft nur noch eine
Frage der Zeit, unter mehr oder weniger begünstigenden Verhältnissen, — vorläufig die letzteren leider überwiegend.

Nach der verhältnissmässig rührigen Thätigkeit am Ende des
vorigen und Anfang des jetzigen Jahrhunderts folgte zunächst ein
Rückschlag, Bertuch's und Vater's Magazin gelangte über den
ersten Band nicht hinaus, und die folgenden Jahrzehnte liefern
höchstens nur allerlei populäre Reisebeschreibungen mit amüsanten
Erzählungen von wilden Völkern und ausländischen Sonderbarkeiten.

Dann kam der Brief Edward's an Thierry, der in ebenso
bedeutungsvoller wie naturgemässer Weise die spätere Verbindung
der Ethnologie mit der Urgeschichte vorbereitete, jener Brief, der
der ethnologischen Wissenschaft ihr Diplom ausgefertigt hat und
zu der ersten Begründung einer Ethnologischen Gesellschaft führte,
wie, einige Zeit später, der Brief Siebold's an Jomard mit ge-
bührender Weihe die künftige Begründung ethnologischer Museen
inaugurirte, als von dem ersten Schöpfer methodischer Sammlungen
in der Ethnologie an den verehrten Nestor im Kreise der Archaeo-
logen gerichtet.

Ein maassgebender Bundesgenosse trat jetzt hinzu, in naturgemässer und förderlichster Allianz, aus dem practischen Gebiete,
aus den Bedürfnissen colonialer Verwaltung, um die durch schwere
Kosten an Geld und Blut strafenden Missgriffe in Beherrschung
der Eingeborenen fürderhin zu vermeiden, und nach der Correspon-

denz mit der *Society for the protection of the aborigines* mit der französischen Gesellschaft, trat den Veröffentlichungen dieser ein im *Ethnological Journal* zur Seite, (das in seiner früheren Verquickung mit dem *Phrenological Journal* für die der Psychologie vorbehaltene Rolle hätte ominös werden können), während die zunächst auf die Abschaffung der Sklaverei gerichteten Bestrebungen jener Gesellschaft einen Wiederha'l in Prichard's religiösem Sinne fanden, der (um die Einheit des Menschengeschlechts in Abstammung vom ersten Paare zu beweisen) als Verfasser des *Researches into the natural history of mankind* den ethnologischen und anthropologischen Wissenschaften ihr erstes Handbuch (1813) lieferte, und der zugleich in den auf seine Veranlassung durch die, von der *British Association for the advancement of science* (1819) eingesetzten Commission, ausgefertigten Fragen das Bedürfniss nach Aussendung ethnologischer Reisender empfinden liess.

Deutschland blieb vorläufig kalt und unbetheiligt, weil die für die „Begriffsromantik" entflammten Gemüther selbst mit den handgreiflichen Errungenschaften der Naturwissenschaften nur langsam zu ernüchtern waren, bis die allzu realistisch aus der Tiefe der Gewässer vor Augen tretende Ausbeute prähistorischer Forschung auch dieser ihre Zulassung erzwangen. Erst jedoch nach Beendigurg jenes wunderlichen Kampfes um die Seele folgte der Zusammentritt deutscher Anthropologen in Göttingen, zu den vorbereitenden Schritten, die später in Frankfurt zur Gründung des Anthropologischen Archivs führten. Nachdem dann diesem die Zeitschrift für Ethnologie gefolgt, wurde in Berlin die erste dieser Art Gesellschaften in Deutschland gegründet, als die Gesellschaft für Anthropologie, Ethnologie und Urgeschichte. Seitdem sind durch den Zeitgeist gezeitigt solche Gesellschaften überall emporgeblüht, in Deutschland nicht nur, in Spanien, Portugal, Italien, Holland, Dänemark, Russland, sondern in Amerika ebenfalls, in Batavien, in Australien (wenn nicht selbstständig, im vorläufigen Anschluss der Studien an vorhandene Institute). Da zugleich in Berlin das Fundament zum ersten Museum für Ethnologie in diesem Jahr gelegt ist, darf die bisher noch ungewiss schwaukende Zukunft dieser lange heimathlosen Wissenschaft als gesichert betrachtet werden.

Es wird sich zunächst empfehlen, den verschiedenen Phasen, unter welchen die Namensbezeichnung der Anthropologie, Ethnologie und Psychologie in der Literatur gewechselt haben, in einigen Punkten nachzugehen, um aus dem Gange der Entwicklung, den neben einander herlaufenden Reihen und ihren Kreuzungen, ein Gesammtbild dessen zu gewinnen, was als die Bestimmung der Ethnologie und der Geschichte der Menschheit anzusehen sein wird.

Der Name der Anthropologie als Bezeichnung eines bestimmten Wissenszweiges scheint zuerst in Deutschland mit Magnus Hund's (Dr. theol. et med.) Anthropologia de natura hominis (Leipzig 1501)*) aufgekommen zu sein, und wurde auch noch in späterZeit bis in dies Jahrhundert hinein im Auslande, besonders in Frankreich, als ein in deutscher Philosophie specifischer Ausdruck betrachtet (in Folge dialectischer Subtilitäten). In der Zeit der Humanisten hätten auch die Anthropologen nahe liegen können und des Pfarrer's Cassmann Anthropologie, die 1594 in Hannover erschien, stellt als gutes Auspicium die Psychologie voran, die in dieser Verbindung später mehr und mehr verloren ging, bis zur neusten Wiedererweckung in der Ethnologie (und dann den Rückfluss aus dieser beim Zusammenschluss mit der Anthropologie). Die Psychologie, obwohl von tüchtigen Kräften gleichfalls, von Gassendi und Vives (von Melanchthon rein aristotelisch), behandelt, bildete damals eine Art Modeliteratur und der *Spiritus* steckte überall, selbst bei Baco.

Der oben angeführte Titel besagt: „Psychologia Anthropologica sive Animae humanae doctrina ab Othone Casmanno" und erst im zweiten Theil (1596) wird die Fabrica humani corporis behandelt. Diese letztere Auffassung, nämlich die einer Anatomie und Physiologie des Menschen (seit die letztere mit

---

*) Die mit dem Werke verbundenen Holzschnitte erklärt Möhsen für Copien aus Mundini Anatomica totius corporis humani (Venedig 1498). Auch Capella (L'Anthropologia) handelt „della natura umana" (1533).

Harvey's Entdeckungen ihre wissenschaftliche Ausbildung erhalten) wurde von da an die geläufige, und schon bei Joh. Rhete steht die Seele, die allmählig verdrängt werden sollte, auf zweiter Stelle: Anthropologia seu Synopis considerationis hominis, quoad corpus et animam (Sedini 1605). Auf Hale's mehrfach übersetztes Werk (1677), das die verschiedenen Theorien. über den menschlichen Ursprung (wie auch bei Censorinus, Nemesius u. s. w. zusammengestellt) wiedergab, folgten andere Arbeiten in England (1699 Tyson's homo sylvestris in anatomischen Vergleichungen), und nachdem bereits Paracelsus gezweifelt, ob die Bewohner der neu entdeckten Inseln von Adam und Eva stammen könnten (1520), handelte Peyrere de Prae-Adamitis (1655). Neben der Polemik darüber (bis zu den Co-Adamitae 1732), ist aus deutscher Literatur Elscholtz, Anthropometria (Frankfurt a./O. 1663) zu verzeichnen, uud dann was zur Θαυματανθρωπολογία gehört.

Als damals nach der düsteren Nacht dreissigjähriger Verwüstungen und Greuel das zerschlagene Land langsam seine Wunden heilte und sich besonders unter den hoffnungsvollen Tröstungen erholte, die Leibnitz' strahlender Genius ausströmen liess, da spiegelten sich in ihm bereits einige der Grossthaten, zu denen einst die geographische und anthropologische Wissenschaft berufen sein sollte. Mit dem weiten Blick des Weltbürgers umherschauend, verlangte er, wie die Gründung gelehrter Gesellschaften und Academien, internationale Vereinigungen zu gemeinsamer Lösung wissenschaftlicher Fragen, damals zunächst der über die Abweichung der Magnetnadel (mit Nordpolar-Expeditionen verbunden), und gleich einem Vorläufer A. von Humboldt's, auch für mehr theoretische Studiumsziele die Unterstützung der Regierung, wie die der russischen für Sammlung von Vocabularien der im weiten Umfang dieses Reiches zerstreuten Völkerstämme, so die Linguistik vorbereitend, später die mächtige Bundesgenossin der Ethnologie.

Neben diesem vielfach gekrönten Günstling der Fürsten und Hohen, wirkte an diesem frühen Morgen beginnender Aufklärung Thomasius in bescheideneren, aber democratisch desto erweiterteren

Schichtungen, und dort bahnte er in Verallgemeinerung der früher aristocratisch abgeschlossenen Gelehrsamkeit jene Verbindung des Nützlichen und Schönen an, wodurch unter den Wissenschaften ebenfalls besonders die geographischen und anthropologischen gefördert sind, indem sie den practischen Interessen vorarbeiteten, denn „dass sie die irdischen praktischen Zwecke des Menschen und den Nutzen der Gesellschaft fördern müsse" das sei die Aufgabe der Philosophie. Ebenso hatte Leibnitz auf eine zweckmässigere Erziehung der Jugend hergestrebt, nicht so sehr zu Poesie, Logik und Scholastik, als vielmehr zu den Realien, Geschichte, Mathematik, Geographie, Physik.

Der anthropologische Standpunkt, der sich am Ende des Mittelalters an die materielle Seelensubstanz der Pneumatologie (und den von Cardanus nach den Lehren indo-chinesischer Magie geübten Künsten der Seelenausziehung) angeschlossen, verlor naturgemäss seinen Halt, mit der zwischen Wärme gebender Lebenskraft und geistiger Thätigkeit gezogenen Grenzlinie, in Descartes' Abtrennung der Seele von dem Körper, und wenn (bei Spinoza) der Geist den Leib erkennt durch die Einwirkungen der Vorstellungen auf denselben im Denken Gottes, oder einzig eine prästabilirte Harmonie das Zusammenwirken von Seele und Leib vermitteln sollte, konnte ein materieller Zusammenhang nicht festgehalten werden. Bald aber kam die Reform. Indem die Vorstellungen, als Materialien des Denkens, aus der Erfahrung stammen in den Wahrnehmungen, so fand sich Locke auf dem Boden der empirischen Psychologie, der seine weitere Bearbeitung durch Hume erhielt bis zu Condellac und dessen Zeitgenossen. Hartley führte die Seelenthätigkeit auf die Association der Vorstellung zurück und die Genesis war bereits betont in Hobbe's Satz, dass die Eigenthümlichkeit eines Dinges aus der Erzeugung und die Erzeugung aus seiner Eigenthümlichkeit zu erklären ist.

Auch das andere Hülfsmittel künftiger Forschung, die analytische Methode war, wie von Baco, von Descartes anerkannt, und wenn Aristoteles das richtige Verlangen von bereits Bekanntem

zum noch Unbekannten vorzugehen, durch die Deduction vom
Allgemeinen auf das Besondere erschüttert, hatte doch seitdem
Caesalpinus die Particularien als den gesicherten Ausgangspunkt
erkannt. Ihm wurde auch aus den (noch ungeordnet ange-
sammelten) Materialien in Brunfels' Herbarium ein botanisches
System ermöglicht, als Vorarbeiter für Tournefort und dann Linné.
So wurde nach den von Margrave aus Brasilien, sowie von
Bontius aus Batavia eingeschickten Sammlungen die Ichthyologie
systematisirt, und wie in der Chemie, seit Sylvius die Unter-
scheidung von Säuren und Alkalien benutzt hatte, begannen jetzt
überall die Lebensfäden der inductiven Methode Wurzel zu schlagen,
um das mit der Ausdehnung der Seefahrten massenhaft von allen
Theilen der Erde zusammenströmende Rohmaterial zu assimiliren.
Vor Allem war es Linné, der die Aussendung wissenschaftlicher
Reisender veranlasste (wie Kahm's nach Amerika, Thunberg's nach
Japan, Forskal's nach Arabien, Osbeck's nach China, Sparrmann's
nach dem Cap u. s. w.), und damit ein Vorbild gab, das weiterhin
nur zerstreute Nachfolger fand, bis etwa auf die Organisation der
Missions scientifiques in Frankreich.

Graphischen Darstellungen wurde in der geologischen Karte,
wie von Lister vorgeschlagen (1683), Rechnung getragen, und auf
Woodward's Sammlungen (1695) gründete sich das geologische
Museum in Cambridge.

Die auf äussere Merkmale (schon bei Aristoteles) beschränkte
Zoologie, später von Cuvier systematisch ausgebildet, wurde all-
mälig unter dem Einfluss der Physiologie zur vergleichenden
Anatomie erweitert.

Unter den darauf hinwirkenden Bestrebungen hatte auch die
Anthropologie ihren Impuls erhalten, der sich in Platner's Anthro-
pologie (Neue Anthropologie für Aerzte und Weltweise, Leipzig
1790) bemerkbar machte, in Josephi (Hamburg 1790), Schultes
(Regensburg 1794), Ludwig (1796), in Pörschke (Anthropologische
Abhandlungen, Königsberg 1801), bei Henning's, Kraft (auch Home,
Dunbar, Pagano, de Pauw, Goguet etc.), dem Anthropologischen

Journal (herausgegeben von C. Ch. E. Schmidt) u. s. w., während Kant die pragmatische Anthropologie nur „für eine Art Weltklugheit" zu verwerthen wusste, und auch in seinem Schwanken zwischen rationaler und empirischer Psychologie mit keiner von beiden fertig zu werden vermochte, so dass dieser von ihm aus der Metaphysik vertriebene „Fremdling" (mit dem Neumann hoffte die schaale Logik ausfüttern zu können), eine Zeit lang in Gall's Phrenologie Zuflucht suchte, und noch für späthin die Erinnerung an diesen Gastfreund bewahrte, wenn sich (wie bemerkt) das erste der ethnologischen Journale Englands als ein Nachfolger des Phrenological Journal ankündigte.

Im Allgemeinen lässt sich sagen, dass am Ende des vorigen und Anfang des jetzigen Jahrhunderts unter Anthropologie derjenige Theil der Philosophie verstanden wurde, der die Berührungspunkte des Körperlichen und Geistigen im individuellen Menschen behandelt, und so einerseits in das Leibliche, anderseits in das Seelische übergriff, wozu noch manches Andere kam, wie Waitz bemerkt, worüber man entweder überhaupt nichts weiss, oder worüber doch auf wissenschaftliche Weise nichts zu sagen ist (auch in Schubert's und Geistesverwandter mystischer Nachtseiten).

Unter dem Einfluss der comparativen Methode musste besseres Bekanntwerden der Verschiedenheiten in den Menschenrassen zur vergleichenden Betrachtung derselben führen, und so (nachdem Büffon den Menschen naturgeschichtlich definirt) ergab sich als Frucht natürlicher Entwicklung das neue Gewand, mit welchem die Anthropologie seit Blumenbach's De generis humani varietate nativa (1775 und 1790) und Decades craniorum diversarum gentium (mit Sömmering's, 1785, zwischenfallender Monographie) bekleidet wurde, hier für die Craniologie wie von Camper für (Lavater's) Physiognomik. Die seit Ray's (1686) und Tournefort's (1700) Feststellung des Species-Begriffes in Botanik und Zoologie ermöglichte Classification wurde jetzt auch auf den Menschen übertragen, theils, besonders seit A. W. v. Schlegel's vergleichenden Vorarbeiten (1808), linguistisch, theils, seit Herstellung umfangreicher Sammlungen (wie durch Morton in den Crania americana, u. A. m.), an craniologischer Grundlage festhaltend. The skull and brain will always remain the purest basis of the classification of human races (meint Davis).

Da bei diesem Ausgang von medicinischen Lehrstühlen das Augenmerk auf das Körperliche beschränkt blieb, wurde die Psychologie losgelöst und hatte ihre Stätte wieder bei den Philosophen zu suchen, entweder in einer speciellen Behandlungsweise, wie besonders bei Herbart, dem sich bereits die Einseitigkeit einer individuell beschränkten Psychologie fühlbar macht, sowie (mit naturwissenschaftlichen Hinneigungen) bei Beneke, oder in einer Anthropologie im Sinne Fries', der in psychischer Anthropologie, Physiologie des menschlichen Körpers und vergleichender Anthropologie drei eng mit einander verbundene Naturwissenschaften erkannt, in den Weiterführungen Apelt's u. s. w., da die Ethnologie noch nicht vorbereitet war, um die in Cabanis' materialisirter Physiologie versuchten Einpflanzungen der Moral in die menschliche Organisation unter der *Secretion de la pensée* im Gehirn aufwachsen zu lassen.

Bei Krug wird die Anthropologie als „empirische Menschenkunde" erklärt, doch herrscht in Folge der verschiedenen Gesichtspunkte, unter denen sie aufgefasst wurde, vielfache Verwirrung über die Verwendung des Namens, und bei Definirung der Anthropologie, als *l'histoire naturelle de l'espèce humaine* (der Naturalisten) wird hinzugesetzt (1844), dass diese Bezeichnung im ausgedehnteren Sinne gebraucht würde „chez les philosophes allemands", (d. h. in ihrer philosophischen Modulirung, während sie für den Materialismus schon im *Système de la nature* figurirte), etwa als (Wagner's) historische Anthropologie, oder in Steffen's Mosaik eine geologische, physiologische und psychologische Anthropologie. Dies war indess der Wendepunkt der Anthropologie, um ihre gegenwärtige Form anzunehmen, in Verbindung mit der Ethnologie.

Für diese mögen die ersten Regungen im Anfange des achtzehnten Jahrhunderts herausgefühlt werden, in der Bildung der

Philanthropinen (in Dessau und Graubündten) oder der menschenfreundlichen Gesellschaften in der Schweiz, an welche Iselin's Schreiben gerichtet sind, die bereits von einer „Geschichte der Menschheit" sprechen (1763). Von Voltaire wurde ein Ausdruck dafür in der „Philosophie de la Geographie" gesucht oder sonst in der „Geographie morale".

Anfangs hätte es scheinen mögen, als ob diese kaum halb an's Tageslicht getretene Wissenschaft bereits einen selbstmörderischen Todessang gelernt, unter Anstimmen der Panegyrien auf den von Milton und Gessner besungenen Naturzustand, auf die urwüchsige Freiheit des Wilden, und in den gegen deren Zerstörern, den aus den Lastern entsprungenen Künsten und Wissenschaften, geschleuderten Anathemen. Der Anfang der Entwickelung wurde, wie Moser in seiner Opposition hervorhebt, als Endziel angesehen. Nachdem die in Bezug auf die Renaissance und den Humanismus des fünfzehnten und sechszehnten Jahrhunderts von der Akademie zu Dijon gestellte Preisfrage: „Ob die Wiederherstellung der Wissenschaften und Künste zur Reinigung der Sitten beigetragen?" unter der Form: „Ob der Fortschritt der Wissenschaften und Künste zur Corruption oder Reinigung der Sitten beigetragen?" beantwortet war, und ebenso die zweite Preisfrage (Welches der Ursprung der Ungleichheit unter den Menschen und ob derselbe durch die Naturgeschichte autorisirt?), wandte sich Rousseau, nach Herausgabe der Institutions polititiqués, im Emile der Erziehung zu, und die gährenden Folgen all' dieser revolutionären Ideen möchten allgemein verderblich geworden sein, wenn nicht in den engeren Schranken politischer Kreise gehalten, wo sie allerdings Zerstörung genug anrichteten, aber doch das Feld der Wissenschaft frei liessen, so dass deren Arbeiten sich jetzt über den Globus ausdehnen konnten.

Bereits indess hatte Vigo seine *Scienza nuova* meditirt, Steebs (1766) erkannte die Vortheile, die sich aus der Betrachtung der primitiven Stämme für die Geschichte würden ziehen lassen können: „Wenn wir daher die Beschreibung der Grönländer, der Hottentotten und der meisten amerikanischen Völker mit der Be-

schreibung der Skythen, Sarmaten und alten Deutschen zusammen-
halten, so werden wir die Mängel der alten Nachrichten ersetzen
können." Auch wurde im Jahre 1785 eine anthropologische Karte
der Erde (wie Zimmermann schon zoologische entworfen) verlangt,
und zwar von Herder (wie von ihm gleichfalls eine „Statistik der
Länder", um der „Geschichte der Kultur der Völker" vorherzu-
gehen).

Nachdem dieser dann seine prophetischen Worte verkündet,
wie sie in den „Ideen zu einer Geschichte der Menschheit" niedergelegt sind, verlangt (1800) Merkel den Standpunkt dieser so
„hoch, dass der ganze Fluss der Jahrhunderte in Einem ruhigen
Spiegel gestehe und alle Nationen, die je existirt, und alle Generationen derselben in ein Wesen, im Menschen, zusammenschwinden."
Soll das menschliche Geschlecht auf diese höchste Stufe der Aufklärung und Reinigkeit nie kommen? nie?, wie sich mit Lessing
fragen liesse, oder mit Herder: „Verdiente etwa die menschliche *)
Natur allein jene genaue Aufmerksamkeit nicht, mit der man
Pflanzen und Thiere zeichnet?" Herder erkennt auch bereits den
Naturzustand des Menschen im „Stand der Gesellschaft", und der
beschränkte Gesichtskreis der bisher sog. Weltgeschichte drängt
sich zu deutlich auf, um länger ignorirt zu werden. Auch bei
Meiner's (1793): „Alle übrigen Theile der Geschichte stellen uns,
wie z. B. die Geschichte der Künste und Wissenschaften und
wichtigen Erfindungen, nur gewisse Seiten des Menschen dar, oder
sie schildern uns auch nur einzelne Naturen und Zeitalter; die
Geschichte der Menschheit allein begreift den ganzen Menschen
und zeigt ihn, wie er zu allen Zeiten und in allen Theilen der
Erde beschaffen war."

Diese allgemeine Völkerkunde erlangte nun allmählig die Bezeichnung der Ethnographie oder Ethnologie, während die physische

---

*) Il n'y a pas de branche de l'histoire naturelle dans la zoologie, la
botanique, la minéralogie, la géologie, au progrès de laquelle les voyageurs
ne soient interessés, *aber:* „ils ont presque toujours negligé l'homme" (Cuvier).
Und doch galt schon das Motto: The proper study of mankind is man.

Beschreibung des Individuums mehr der Anthropologie verblieb, obwohl auch mit darüber hinausgreifender Fassung. La Physiologie, l'analyse des idée et la morale ne sont que trois branches d'une seul et même science qui peut s'appeler à just titre la science de l'homme (1805). C'est ce que les Allemands appellent l'Anthropologie (s. Cabanis).

Bertuch sucht das gegenseitige Verhältniss zu bestimmen: Von der Anthropologie geleitet, überblickt die Völkerkunde oder Ethnographie alle grösseren oder kleineren Zweige des vielästigen Menschensystems („Mit der Philosophie verbinden sich Anthropologie, Physiologie, Psychologie und Geschichte, sowie besonders die Geographie zur Völkerkunde").

Auch das Grosse und Umfassende der Aufgabe, die auf den Aufbau der Wissenschaft der Zukunft zu richten sei, wurde schon früh herausgefühlt: „Mit schwacher Hand legte er einige Grundsteine zu einem Gebäude, das nur Jahrhunderte vollführen können, vollführen werden," angeregt (in der „Mittagssonne des Lebens") durch die Frage, „ob denn, da Alles in der Welt seine Philosophie und Wissenschaft habe, nicht auch das, was es am Nächsten angeht, die Geschichte der Menschheit im Ganzen und Grossen eine Philosophie und Wissenschaft haben sollte?" (Herder). Und ebenso wurde aus dem gesetzlichen Walten die Möglichkeit naturwissenschaftlicher Behandlungsweise erkannt:

Der Gott, den ich in der Geschichte suche, muss derselbe sein, der er in der Natur ist, denn der Mensch ist nur ein kleiner Theil des Ganzen und seine Geschichte ist wie die Geschichte des Wurms mit dem Gewebe, das er bewohnt, innig verwebt. Auch in ihr müssen also Naturgesetze gelten, die im Wesen der Sache liegen. (Herder.)

Der mit Ende des 18. Jahrhunderts (z. B. in der Ethnographischen Bildergallerie, Nürnberg 1791) hervortretende Name der Ethnographie war zunächst an die Geographie angeschlossen, während mit zunehmender Hinrichtung auf die Psychologie (und geschichtliche Auffassung) der Name der Ethnologie überwog.

Etymologisch entspricht derselbe so sehr dem, was dadurch
ausgedrückt werden sollte, dass die allgemeine Adoptirung keine
Schwierigkeiten finden konnte, und auch die historisch anhaftenden
Nebenbedeutungen zeigten sich für die richtige Einordnung eher
förderlich, als hindernd.

Mit Ethnicismus wurde, aus der Zeit der alten Kirchenschrift-
steller her, noch über das Mittelalter hinaus das Heidenthum (der
Gentiles, die ἐθνικῶς oder *more gentio* lebten) bezeichnet, also
die Gesammtmasse derjenigen Völker, die sich (wie in Arnobius'
Streitschrift „adversus gentes") weder unter die christlichen rangiren
liessen, noch unter die Juden,[*]) und wenn für die classische Vergangenheit sowohl, wie für den Islam eine Ausnahmsstellung zuge-
lassen werden sollte, also etwa die in der arisch-semitischen Cultur
nicht Einbegriffenen.

Im Allgemeinen, wie gesagt, hielt man an Dreitheilung fest,
wie z. B. Hospinianus im einen Theil (Genevae 1675) de festis
Ethnicorum et Judaeorum handelt, im andern Theil (1679) de
festis Christianorum. Bei Erweiterung der Ethnologie zu einer
Geschichte der Menschheit würden theoretisch alle Völker der Erde
in ihren Bereich fallen, doch glücklicherweise theoretisch nur, da
sie in den neuen Erwerbungen übergenug und allzuviel zu thun
haben wird, um Gelüste fühlen zu dürfen nach geschichtlichen
Vorrechten innerhalb des alten Orbis terrarum, oder solche aufsteigen zu lassen.

Die Ethnographie (eigentlich ein Theil der Geographie oder
Völkerbeschreibung) lässt sich auch (heisst es bei Krug) als eine
philosophische Ethnographie denken, welche die Völker mit aus-
schliesslicher oder doch vorzüglicher Rücksicht auf ihre philosophische Bildung beschriebe. (1827.)

Der hier markirte Zeitpunkt bildet, wie bereits bei der Anthropologie bemerkt, die Epoche der Wiedergeburt dieses Dioskurenpaares

---

[*]) Von palästinischen Ethnarchen her fiel dagegen in Alexandrien der
Ethnarcha oder (bei Beziehung zum Salzhandel) Alabarcha (Alabarches)
speciell den Juden zu.

im Kreise der Wissenschaften, der Anthropologie und der Ethnologie, wobei es für die spätere Verbindung mit der Urgeschichte
als bedeutungsvoll gelten darf, dass als der durchgreifendste Hebel
Edward's Brief an Thierry (1829) wirkte, denn in dieser Arbeit
sah die Société Ethnologique, deren Memoiren (1839) sie an der
Spitze des ersten Bandes reproduciren, „l'origine de la formation
de la Société".

An die historische Auffassung Aug. Thierry's und besonders
an die Erweiterung derselben in dem Geschichtswerk seines
Bruders, Amedéc Thierry, knüpfte Edwards seine Reisebetrach-
tungen über Gallier und Kimrer auf dem seitdem vielfach, bis
Belloguets *Ethnogénie gauloise* durchwanderten Wege, und noch
immer in neuen Gesichtspunkten unerschöpflich.

Qu'a l'histoire à démêler avec la physiologie? frägt der
Verfasser, der diese beiden, scheinbar so desparaten Wissenschaften
zu verbinden suchen will, und zwar, um dem Geschichtsschreiber
entgegenzukommen, nur von der Naturgeschichte ausgehend. „Il
n'y a pas long-temps que l'étude de l'homme en fait partie.
Chose etrange, que ce qui devait nous intéresser le plus; parcequ'il
nous touche de plus près, ait été le plus négligé!" Aber dennoch,
trotz der schwachen Hülfsmittel, die erst zu Gebote standen, glaubte
er mit dem befriedigendsten Resultate schliessen zu können: „Voilà
deux séries de resultats, les vôtres et les miens, qui correspondent
d'une manière, aussi frappante qu'inattenduc. Ils appartiennent
à deux sciences différentes, ils proviennent de recherches qui de
part et d'autre eut été faites d'une manière indépendante, et leur
comparaison fait voir entre eux un rapport manifeste."

Die Abhandlung, von der Permanenz der Rassentypen ausgehend, folgt ihren Umwandlungen unter klimatischen Einflüssen
oder durch Kreuzungen und legt dann die Folgerungen an den
Prüfstein eigener Beobachtungen. Dasselbe Thema, mit geschichtlichen Rückblicken über „l'histoire naturelle du l'homme ou
l'Anthropologie", wird weiter verfolgt in Edward's Eröffnungsrede, als Präsident der Société Ethnologique de Paris, und

ihr Zweck liegt in dem ersten Paragraph der Statuten ausgesprochen:

Les principaux éléments, qui servent à distinguer les races
humaines sont: l'organisation physique, le charactère intellectuel
et moral, les langues et les traditions historiques, ces éléments
divers n'ont pas encore etudiés de manière à constituer sur ses
veritables bases la science de l'Ethnologie. C'est afin d'y parvenir
par une suite d'observations, et détablir qu'elles sont en réalité
les différentes races humaines, que s'est formée à Paris la *Société
d'Ethnologie*, die am 23. August 1839 ihre erste Sitzung hielt
und vielleicht die Veteranen aus der *Société des observateurs de
l'homme* (1830) um ihre neu errichtete Standarte sammelte. Unter
ihren Aufgaben findet sich (T. I Art. 5) die Bildung von Sammlungen (elle forme de collections) und angehängt ist eine „Instruction generale, addressée au voyageurs". Der Eingangsartikel
des ersten Bandes bringt einen Auszug aus Berthelot's grundlegender Arbeit „sur les Guanches", und die deuxieme partie (du
tome premier): Histoire et origine des Foulahs von d'Eichthal.
Ausserdem, unter den Mitgliedern der Gesellschaft, konnte der
Präsident d'Avezac's zusammenfassender Arbeiten über Afrika erwähnen, und neben d'Orbigny's Reisewerk über das südliche
Amerika lag das des Prinzen von Neu-Wied über das nördliche
vor, während in Cuvier's Fusstapfen folgend, die Uebersichten
Virey's, Dumoulin's und Bory St. Vincent's, unter Vervielfältigung
der Rassenscheidungen geschrieben wurden. Für Polynesien lieferte
d'Urville's *Voyage de l'Astrolabe* Material und aus früherer Zeit
fügten sich Walkenaer's *l'histoire de l'espèce humaine* (1798) den
Bibliotheks-Geschenken bei.

Die Arbeiten nahmen rüstigen Fortgang, wie aus den
Sitzungsberichten ersichtlich, und zwar in der von der Induction
angezeigten Richtung: Ce fut longtemps un sujet de grave controuverse de décider, si l'homme, sommité de la nature animée, doit
être placé sous l'empire de certaines lois, qui régissent toutes les
parties de la création organique, ou s'il forme, dans cet ordre de

création, auquel il appartient, une exception unique à ces lois générales, bemerkt Vivien (1845). Diese Frage war jetzt mit Gründung der Ethnologischen Gesellschaft Frankreichs auf naturwissenschaftlicher Basis entschieden, und bald folgte die Englands, die sich im Anschluss an die 1838 von Buxton angeregte *Society for the protection of the aborigines* selbst als die ältere betrachten könnte.

Ein für die Ethnologie bedeutsames Ereigniss, das nicht übergangen werden darf, war *Lettre sur l'utilité des Musées Ethnographiques*, von Siebold (1843) an Jomard gerichtet: „Les soins et les effets, que vous avez employés pour établir un musée ethnographique à Paris, m'ont paru dignes d'admiration."

Der erfolgreiche Reisende, der damals mit Recht seine Sammlung als die umfassendste und kostbarste ihrer Art (qui fut jamais formée et rapportée des pais lointains par aucun voyageur) bezeichnen konnte und der sie, neben denen Blomhoff's und Overmeer-Fischer's, deponirte, greift zurück in seinem Briefe auf Jomard's früheren Bericht, gleichzeitig (1831) mit dem Cuvier's (Extrait d'un Rapport de la Commission nommée par M. le ministre du Commerce et des Travaux publics pour examiner la convenance de la formation d'un Musée Ethnographique à Paris), worin bereits die drängende Pflichtempfindung zum raschen Handanlegen, im vollen Bewusstsein über die Gefahr jedes Zeitverlustes, zum Ausdruck gelangt: „Peut-être un jour, quand on voudra tracer le tableau historique des progrès sauvages, on sera reduit à de vagues renseignements à d'obscures traditions. Il importerait donc à l'histoire de l'espèce humaine, et à celle de la civilisation qu'on eut constaté le point où ces peuples étaient parvenus avant de recevoir le bienfait des lumières et d'un état social perfectionné." Der gelehrte Archaeologe war zu dieser Ueberzeugung durch die auf der Expedition nach Aegypten gesammelten Erfahrungen gekommen, und in Bezug darauf schreibt Siebold: „C'est par des recherches que l'on pourrait intituler recherches d'archéologie et d'ethnologie comparées, et qui se fondent sur les analogies frappantes, que les

2*

peuples désormais éteints et les peuples survivants présentent entre eux, c'est à ce titre, Monsieur, que les collections archéologiques et ethnographiques sont aujourd'hui devenues indispensables pour l'étude sérieuse de l'histoire ancienne et moderne, de la linguistic et de la géographie."

Auf der Geographie und Aussendung deren Reisender beruht zunächst die Hoffnung der Ethnologie, und die Antwort Jomard's, unterzeichnet als *Conservateur-administrateur de la Bibliothèque royal (collection géographique)* erschien (1845) im *Bulletin de la Société de géographie* und entwarf darin den Plan für eine „Classification d'une Collection ethnographique", die warnenden Worte zufügend: Bientôt peut-être il ne sera plus temps de recueillir ces restes d'un passé qui disparait et s'évanuit sans retour. Il faut se hater de rassembler ce qui subsiste encore.

Für die erste Classe wird dasjenige verlangt, was selbst bis heute noch nirgends eine angemessene Vertretung gefunden hat (und vielleicht auf die Begründung anthropologischer Gärten zu warten haben wird), nämlich: Représentation de la figure humaine (Ordre I.: les figures entières et les groupes, Ordre II.: la Physionomie). Selon Cuvier il faudrait placer ici d'échantillons de crânes ou des pièces moulées, wie ausgesprochen in dem im Bulletin de la Société de Géographie veröffentlichten *Rapport de la commission au ministre, sur la création d'une collection ethnographique* (1836).

Auch wird bereits angedeutet, dass die Culturvölker Ost-Asiens ihre besondere Behandlungsweise bedürfen würden, wogegen der Ausfall solcher Rücksichtnahmen auf die archaeologischen Reste der untergegangenen Culturvölker Amerika's bei Jomard's Interesse für dieselben (wie in den Kalendersteinen der Chibchas bekundet) überraschen würde, wenn nicht aus den damals fast noch gänzlich mangelnden Vorlagen zu erklären.

Im Jahre 1862 veröffentlichte Jomard (in der Revue Orientale et Américaine): Classification Methodique des Products de l'Industrie Extra-Européenne ou objets provenant des voyages lointains, suivie d'un plan de la classification d'une collection Ethnographique complète, und hatte leider mit der Klage über die Hoffnungslosigkeit aller seiner Anstrengungen zu schliessen, über die stets noch verzögerte Errichtung des Museums, „bien que l'utilité en soit incontestable. Mais on ne songe guère à ce Musèe de la Géographie et des voyages, longtemps espéré, vainement attendu!" Melancholisch gestimmt durch diese Misserfolge wird Trost gesucht in Aussicht auf bessere Resultate, in der schönen und trotz aller Machtlosigkeit mächtig anziehenden Utopie des ewigen Friedens (la paix perpétuelle). Il existe en Angleterre une Société des Amis de Paix, qui professe cette doctrine, mais rien n'annonce que ces voeux soient prêts à se realiser, qui sait si les travaux, les découvertes des Ethnographes ne conduiront pas un jour à ce but desiré?

Mögen diese Worte eines von Allen, die ihn umgaben, hochverehrten Greises, einstens die Beglückungen dieses lang ersehnten Geschenkes der Erde zuzuwenden, kräftig sein.

Die *Société Ethnologique de Paris*, diese früheste der Ethnologischen Gesellschaften, die in den ersten Jahren ihres Bestehens auf die Namen eines Edwards', Avezac's, Lenormant's als ihrer Vorzitzenden hinweisen konnte, und (obwohl später durch die jüngere Schwester unter der Bezeichnung einer anthropologischen Gesellschaft verdunkelt) in ihren Publicationen fortleben wird, hatte bereits in den vierziger Jahren eine transatlantische Zeitgenossin in der *American Ethnological Society* (1842), die durch Gallatin (nebst Schooleraft u. A. m.) ins Leben gerufen war, durch Materialien-Sammlungen die linguistischen Studien bereichernd, (innerhalb und ausserhalb der weiten Reiche, die durch Bopp's und W. v. Humboldt's Arbeiten dafür geschaffen waren) und später zum specielleren Studium amerikanischer Vorgeschichte geführt, (in jener, mit denen Squier's und Davis beginnenden, Reihe von Arbeiten), neben der Veranlassung zu Nott und Glyddon's Werk (das durch die damaligen Sklavenverhältnisse der Union gefärbt wird).

Für die craniologische Seite wurde währenddem das von Retzius aufgestellte (und vielfach umgestellte) System massgebend, während in Quetelets Statistik auch Verhältnissmaasse sämmtlicher Körpertheile des Skelettes zur Geltung kamen, und mit dem in Göttingen zusammengetretenen Congress begannen dann die systematischen Arbeiten der deutschen Anthropologen.

Ehe wir hier weiter gehen, wird es angezeigt sein, seitdem die Ethnologie durch Bildung einer gelehrten Gesellschaft und daraus folgendem Beginne systematischer Behandlung, als selbstständige Wissenschaft constituirt dasteht, über ihre Statuten und das Ziel derselben Deutlichkeit zu gewinnen, über dasjenige, was der Zeitgeist an ihr zum Ausdruck zu bringen suchte.

Aus solchem Gesichtspunkt ergiebt sich die Ethnologie als dasjenige Gefäss, worin die bereits im vorigen Jahrhundert unklar hier und da auftauchenden, dann vielfach in genialischen Blitzen die Luft durchzuckenden Ideen zu einer Geschichte der Menschheit, oder einer Wissenschaft vom Menschen, ihren gemeinsamen Sammelplatz zu finden schienen.

Diese sogenannte Philosophie der Geschichte hatte auch den Namen einer Philosophie der Geographie (oder Géographie morale) erhalten, und prognosticirte damit ihre spätere Erweiterung aus Heeren's Ideen, denen noch an den äussersten Grenzen die selbstgewählte Beschränkung gezogen, zu Ritter's Auffassung von der Erdkunde, im Anschluss an die der Universalhistorie*) bei Schlözer, „alle Staaten des Erdkreises auf eine Einheit, das Menschengeschlecht, zurückzubringen".

Das durchgreifend Entscheidende für die hier in der Ethnologie neugestaltete Form der Offenbarung war ihr Anschluss an die Anthropologie, um damit durch die Methode der Induction auch die Psychologie in den Kreis der Naturwissenschaften einzuführen. Neumann's Frage (1780): „Sollte der Mensch es nicht werth sein, dass eine ganze Wissenschaft nach ihm benannt

---

*) Meiners, in seiner Unterscheidung zwischen der „Universalhistorie" und „der Geschichte der Menschheit" überweist der letzteren gerade die von jener vernachlässigten Völker, „weil oft kleine Horden von Wilden und- Barbaren zur Kenntniss der menschlichen Natur wichtige Beiträge liefern können" (1824).

— 23 —

würde?" beantwortet sich dadurch. „Laut spricht auch die Geschichte über den Werth der Anthropologie, indem sie Zeugniss ablegt, dass beim Aufleben der Kultur in einem Volke die ersten Fragen, die den mündig werdenden Geist beschäftigten, den Ursprung des Menschen und sein Verhältniss zur Natur betrafen, ja man kann behaupten, dass eben darin das Erwachen der Kultur bestehe, dass der Mensch Kunde über sein Dasein fordert." So der grosse Physiolog von Baer (1824).

Indem sich bereits die physiologische Anthropologie des Individuums durch die in zunehmender Anhäufung thatsächlicher Kenntnissobjekte dargebotenen Vergleichungen zu einer naturwissenschaftlichen des Menschengeschlechts (mittelst der Rassenlehre) erweitert hatte, so war diese comparative Methode nun auch auf die Psychologie in Anwendung zu bringen, und würde sich hierfür der für manche Gesichtspunkte passend gewählte Name der Völkerpsychologie (die Physiologie im Geschichtsleben der Menschheit) empfehlen, wenn die philosophische Definition derselben etwas realistischer, oder, wenn man will, materialistischer durchtränkt und gesättigt werden darf, und das folgte von selbst, wenn statt des Itinerarium von Descartes zu Herbart u. s. w., Locke mit angeschlossenen Wegweisern zum Ausgangspunkt genommen wird. Auch sind es mehr im Aussehen formidabele Hindernisse, die eine Vermittelung von Herbart's Mechanik des Geisteslebens mit Hobbe's Auffassung des Denkens als Rechnen im Wege stehen möchten, und sollte sich hier ein Bündniss*) schliessen lassen, so würde vor Allem die mechanische Natur-

---

*) „Für Locke ist der Geist anfänglich ganz leer, nach Leibnitz enthält er das Universum" (s. A. Lange), und beide Auffassungen vereinbaren sich, wenn nicht die Ideen, sondern ihre Voranlagen, oder die Ideen in ihren Voranlagen, als (potentielle) Ideen (die, weil nicht actuell, unvorhanden setzbar) angeboren gelten. Durch die Einflüsse von Aussen werden die bis dahin verborgenen Keime geweckt, und treten damit erst in Existenz (eben in den Erfahrungen), entwickeln sich dann aber, wenn die einwohnende Entelechie zum vollen Schwung gelangt, zum universal höchst Erreichbaren.

lehre des Materialismus (die der *Mechanici*) davon profitiren, ausserdem aber die Vortheile nach beiden Seiten gewinnreich ausfallen. Einige Anstrengung dafür darf man es sich schon kosten lassen, denn kostbarer winkt hier der Siegerpreis, als je in einer früheren Epoche der Weltgeschichte: „Diese in dem Laufe der Jahrtausende und in dem Umfange des Erdkreises dem Grade und der Art nach verschiedenartige Offenbarung der menschlichen Geisteskraft ist das höchste Ziel aller geistigen Bewegung, die letzte Idee, welche die Weltgeschichte klar aus sich hervorgeben zu lassen streben muss." W. von Humboldt sagt dies in Bezug auf die Sprache, weil damals, nur für die Sprache erst die psychologischen Thatsachen in genügender Menge vorlagen, um damit operiren zu können. Im Grunde ist die Sprache aber nur das Mittel zum Zweck, das Werkzeug*), das als Dienerin von den Ideen verwendet wird, und jener Ausspruch wird seine volle Verwirklichung erst in den Völkergedanken erhalten, besonders auf dem Gebiete der durch die Induction realistisch umzugestaltenden Religionsphilosophie, wie im Gesellschaftsorganismus (von Familie durch Stamm und Volk zur Nation aufsteigend) zum Ausdruck gekommen. Der Mensch wird durch den Staat repräsentirt, „die objective und gleichsam kanonische Form, in der sich die Mannigfaltigkeit der Subjecte zu vereinigen trachtet" (Schiller).

Die mathematisch-psychologischen Gesetze, mit denen Herbart unter seinem „abenteuerlichen Gedanken" (wie Lange es ausdrückt), das „Prinzip für eine Statik und Mechanik der Vorstellungen durch Speculation zu finden", im philosophischen**) Wolkenheim nicht recht zu Stande kam, werden bei der necessité invariable der Vernunft in Comte's Social-Physik, auf deren breitem Durchschnitt

---

*) Deshalb auch meist als vollkommenste den Zweck erfüllend, weil am entsagendsten arbeitend, wenn für eigene Selbstständigkeit bereits (wie Bopp sagen würde) abgestorben (oder verstümmelt).

**) Die Frage, ob die Vernunft metaphysisch oder anthropologisch sein solle, bezeichnet K. Fischer als ein in der Entwickelungsgeschichte unvermeidliches Problem. Die Wichtigkeit der philosophischen Anthropologie für

des mittleren Menschen (bei Quetelet), durch die Moral-Statistik (später dann auch die Gedankenstatistik) Fasslichkeit gewinnen, wenn die Ethnologie (bei Mill) die Bildungsgesetze der Völker ergründet und durch die „Organisation des nationalen Intellectes" (bei Draper) auch dem praktischen Leben zu Gute kommen wird. Das Grösste wie das Kleinste fügt sich, als Selbstzweck, jedes auf seiner Stelle in der Harmonie des Kosmos zusammen. Οὐδὲν χρῆμα μάτην γίνεται ἀλλὰ πάντα ἐκ λόγου τε καὶ ὑπ' ἀνάγκης (Leukipp), und so durchwaltet Alles das innere Gesetz, dessen Zweck irdischen Zungen unaussprechbar bleibt. Es kann sich noch nicht um ein Suchen des „Gottes in der Geschichte" handeln (sive quo alio nomine fas est nominare), so lange der „Mensch" noch nicht in ihr gefunden, sondern zunächst um diesen, in seinem Charakter als Zoon politikon des Gesellschaftszustandes, so dass sich der Völkergedanke als das Primäre erweist, und der Gedanke des Einzelnen erst secundär zur Klarheit gelangt, ein integrirender Theil des Ganzen unter dem Bande des Sprachaustausches.

Der Geschichtsschreiber (s. A. v. Humboldt) „sucht auf den festen Boden zu gelangen, wo sich die ersten Keime der menschlichen Gesittung nach natürlichen Gesetzen entwickelt haben", und diese Gesetze sind in ihrem organischen Wachsthum zu studiren, zunächst also, des leichteren Durchblickes wegen, an den primitiven Organismen der sogenannten Naturvölker, um für die Complicationen der Cultur einen Leitfaden anzuknüpfen. Aus der Gesammtsumme der Völker wird dann wieder der Mensch gewonnen, zur Repräsentation der Gattung, als Mikrokosmos. L'homme est un abrégé de l'Univers entier (*Gorini Corio*).

Die Markirung der Variationen, unter welchen das Menschengeschlecht auf der Erde erscheint, sind durch die geographischen Provinzen gegeben, in ihren Modificationen als anthropologische

---

die Philosophie (s. Reinhold) liegt (nach Fries) darin, für die Grundsätze der letzteren einen Grund zu gewinnen, sie eben zu begründen; und nach Beneke wird sich die Metaphysik nur durch die Psychologie wissenschaftlich begründen lassen.

(unter jedesmal ethnologischen Horizont), und innerhalb dieser *monde ambiante* saugt der Geist seine Ernährung aus dem, was man Klima im weiteren Sinne genannt hat. Insofern besteht eine Abhängigkeit, denn wie der Körper auf leibliche Speise hingewiesen ist, so die Seele auf geistige, νόμῳ, wie Democrit gesagt haben würde (im buddhistischen Aufsaugen der Aromana durch die Ayatana, ohne das Ding-an-sich zu berühren), aber wenn man von Ferguson (1767) bis Buckle beständig dem Missverständnisse begegnet, als ob hiermit der Schöpfungsbegriff angestreift sein sollte, so wird es genügen (im Hinblick auf scholastische Via Eminentiae im Plotinischen Sinne) Montesquieu zu citiren: Avant qu'il y eut des êtres intelligens, ils étaient possibles, ils avaient donc des rapports possibles, et par consequents des loix possibles. Avant qu'il y eut des lois faites, il y avait des rapports de justice possible.

Bei solcher Entelecheia muss gesagt sein: „Es denkt", wie Lichtenberg will (statt cogito), und dann lebt sich das Sein und Werden, hier und jenseits.

Die Kreuzprobe für die Induction liegt in der Möglichkeit einen Ansatzpunkt zu finden. Kann das geschehen, dann ist ihr Weg ein so naturgemäss vorgezeichneter, dass kein Verstand des Verständigen ihn aufgeben wird, und am wenigsten der gesunde Menschenverstand. Eben dieser aber ist es auch, der zunächst seinen sicherern Anhalt in der Deduction sehen musste, und so bildet diese den Anfang der Philosophie.

Ist das Bewusstsein zu Früchten gereift, so sieht es in diesen die Ideen abgestossen und kann ihnen, wenn sie vor dem Geiste aufsteigen, seine Aufmerksamkeit zuwenden. Die Wurzeln, aus denen sie erwachsen, sieht es nicht und ein Niedersteigen zu ihnen bleibt ausserhalb des Bereiches. Vergeblich wie das Selbstemporziehen am Schopfe ist die grübelnde Versenkung, um den Urgrund des eigenen Selbsts zu erreichen. Dazu bedarf es der klaren Umschau, um die Stellung im All, soweit tellurisch zugänglich, zu präcisiren, und den Theil aus dem Ganzen zu verstehen. Um dahin freilich zu gelangen, giebt es zunächst noch der Arbeit genug, und für sie sind jetzt auf allen Ecken und Enden die inductiven Naturwissenschaften in rührige Thätigkeit gesetzt. Wenn diesen einst angereiht, wird die Psychologie*) die dunkeln Denkregungen des Innern, an dem durch den Sprachverkehr geklärten Reflexbilde, zu studiren haben, wie sie sich unter vergrösserten Umrissen auf dem nationalen Horizonte der jedesmaligen Völker projiciren, um Gaussesammtvergleichung der psychisch neben einander aufwachsenden Organismen das Facit für die Menschheit zu ziehen. Dann erst wird jener kategorische Imperativ (so zu handeln, dass die Maxime des Wollens jederzeit zugleich das Princip einer allgemeinen Gesetzgebung gelten könne) im vollsten Umfange zu erfüllen sein, denn für seine Erfüllung in der Allgemeinheit jeder Einzelgenossenschaft wird bereits durch Polizei und Sitte, unter mehr weniger religiöser Färbung gesorgt (wenn auch in dem, Locke zum Verzicht auf Allgemeingültigkeit führenden, Widerspruch). Kant hält zwar die Bearbeitung einer reinen Moralphilosophie für nothwendig, die „von Allem, was nur empirisch sein mag und zur Anthropologie gehört, völlig gesäubert wäre" (ähnlich wie Herbart von der Logik das Ignoriren alles Psychologischen verlangt), aber diese Auffassung möchte aus dem von ihm selbst als gefährliche Lockung bezeichneten Einheitsbestreben der Vernunft herrühren, indem es, bei der Unzulänglichkeit des anthropologischen Materials, damals weit leichter schien, solche Einheit eines Apriori herzustellen; und darauf hingewiesen, bezeichnet auch er „das fruchtbare Bathos der Erfahrung" als gegebenen Platz. Seine Transcendental-Philosophie wird dann von Fries auf psychologisch-anthropologische Selbstbeobachtung zurückgeführt.

---

*) Der Organismus der Sprache ist (bei Schleicher) „nach naturwissenschaftlicher Methode" zu behandeln, und bei der Sprachvergleichung handelt es sich (nach Bopp) um „anatomische Zergliederung oder chemische Zersetzung" des Sprachkörpers (in der Physik als Physiologie der Sprache), um die „physischen und mechanischen Gesetze" des sprachlichen Organismus zu erforschen (in den Flexionen).

Für jeden Wissenszweig, der inductiv zu behandeln ist, wird
für solchen Zweck als erste Vorbedingung Ansammlung von
Material*) verlangt, und zwar so reichlich (um nicht die Rechnungen der Statistik durch Fehler zu fälschen) und so vollständig,
wie möglich.

Die Ordnung wird kommen, ein Jedes zu seiner Zeit, aber
wenn ein Gebäude in hellen Flammen steht, wie gegenwärtig das
ethnologische der rapid dahinschwindenden Naturvölker, so gehört
ausnahmsweise Bevorzugung psychischer Veranlagung dazu, selbst-
vergnügt und unbestört sich am Poliren und Putzen zu erfreuen,
wo es vor Allem hastig zu retten gilt, was noch übrig sein mag.

Wer bauen will — und nicht der Anspruchslosigkeit fähig,
sich mit einem gemalten Hause abspeisen zu lassen — bedarf
zunächst der Bausteine, (Hamann's στοιχεῖα τοῦ κοσμοῦ), dabei
der Handlanger und Kärrner, dann der Maurer in grosser Zahl,
und später, gar lange noch nicht, der Künstler, zum krönenden
Abschluss durch den Architecten.**)

Dass all das herbeigetragene Material, als durch die Natur geliefert, schliesslich zusammenpassen muss, darauf dürfen wir bauen
für unsern Bau, aber (da es sich hier nicht, wie bei den Haken-
Atomen, um „ewige Fallbewegungen im unendlichen Raume"

*) Die Psychologen, müssen (s. J. B. Meyer) „nach der Weise jeder echt
wissenschaftlichen Forschung zunächst den Erwerb eines gesicherten Materials,
thatsächliche Erscheinungen, als Grundlage ihrer psychischen Theorien anstreben", und das kann in vollem Maasse nur von dem Volksgedanken prag-
matischer Anthropologie geliefert werden, unter Mithülfe der Beobachtungen
an Neugeborenen, Geisteskranken, Thieren etc.

**) „Wer sich damit begnügen will, von dem geheimen Bautrieb der Mensch-
heit erfasst, einen Tempel von Begriffen aufzubauen, welcher zwar dem gegen-
wärtigen Zustand der positiven Wissenschaften nicht sehr widerspricht, aber
von jedem methodisch gewonnenen Fortschritt umgeworfen, oder von jedem
spätern Baulustigen bis auf den Grund abgerissen und in anderem Stile neu
gebaut wird, der mag sich, gleichsam freilich eines anmuthigen und in sich
vollendeten Kunstwerkes rühmen, aber verzichtet damit auch nothwendig
darauf, das wahre, bleibende Wissen, auf welchem Felde es auch sei, nur
um einen einzigen Schritt zu fördern." (1877.)

handelt) so wird zunächst abwartendes Zusehen verlangt, über was vorhanden, um daraus jegliches an seinem richtigen Platz einzufügen. Sonst ist Gefahr, jeden Augenblick das Oberste zu Unterst zu kehren, so dass des Niederreissens und Wieder-versuchens kein Ende. Also auch hier: Eile mit Weile, d. h. Eile im Aufraffen des flüchtig nach allen Seiten Entfliehenden (wenn es auch einige saure Mühe dabei setzen sollte, in Feld und Wald), und Weile beim Meditiren im bequemen Lehnstuhl über glücklich hie und da bereits erhaschte Fragmente, aus denen sich bis jetzt indess nur chimärische Ungeheuerlichkeiten*) zusammen-kleistern liessen. Wir haben Jahrhunderte hindurch an Kathe-dralen gebaut, und unser Tempel des Kosmos wird noch ein gut Stück länger dauern. Also noch Geduld ein Wenig, mit Vergunst.

In der Geschichtsphilosophie arbeitet, wie Rocholl bemerkt, die Menscheit an ihrer Selbstbiographie, und es ist deshalb jede Hoffnung aufzugeben, sie vollendet zu sehen (ausser von einem Moses, der sein eignes Begräbniss zu beschreiben fähig), da sie transcendent (b. H. Fichte), den Erdenbürgern (wie Schlösser meint) nur durch Gabriel oder einen verwandten Geist im Elysium ge-lehrt werden könne. Wer sie als „exacte Wissenschaft" verlangt, wird gut thun, auf dieselbe völlig zu verzichten (Rocholl).

Ein günstigeres Prognostikon wird dem, was man früher Philosophie der Geschichte nannte, im Lichte unserer Zeit kaum zu stellen sein, denn dieses beleuchtet im Menschen nur eine kürzeste Phase in ewiger Unendlichkeit verschlungener Entwicke-lung, und wenn unter den Zahlen spottenden Sternenheeren, von dem ihnen Zugehörigen, dem Menschen nichts, vom Kosmisch-Solarischen kaum etwas bekannt ist, wenn er vom planetarischen System so ziemlich Alles noch nicht weiss, vom tellurischen das Meiste,

---

*) So will Kant vor Allen „den Genieschwüngen vorbeugen, durch welche, wie es von den Adepten des Steins der Weisen zu geschehen pflegte, ohne alle methodische Nachforschung und Kenntniss der Natur, geträumte Schätze ver-sprochen und wahre verschleudert werden." So musste die Welt anstat einer Juno mit einer Wolcke, anstat der Sache mit Worten vorlieb nehmen (Jablonski).

wenn er in seines eigenen Globus Continenten noch unbekannte Strecken durchwandert, noch viele Fragen an sein Land, seinen individuellen Wohnsitz selbst zu stellen hat, und seinen Körper, den unzertrennlichen Gefährten von der Wiege bis zum Grabe, als fremdartigst von Allem anstaunt, so wird, wem Alles dies durch den Kopf geht, eine „wissenschaftliche Grundlegung der reinen Philosophie der Geschichte" (Krause) oder diese als des „Gottesbewusstseins Werk" mit hineinzusteken, wohl kaum räthlich dünken.

Anders stellt sich die Frage bei der Metamorphose in der Ethnologie. Hier fällt von vornherein Anfang und Ende fort, (schon in indischer Fabel von den am Unendlichen auf- und niedersteigenden Göttern vergeblich angestrebt), und der Ausgangspunkt wird nicht in der, oben sowohl wie unten unerreichbaren, Peripherie gesucht, sondern central, im Contactpunkt (des Mikro- und Makrokosmos) des menschlichen Auges mit den Aussendingen.

Von hierab muss sich nun die gesammte Weiterfolgerung, soweit dem Denken zugänglich, mit zwingender Gesetzlichkeit ergeben, von der Grenzschwelle zwischen Physiologie und Psychologie aus, durch die im rückkehrenden Laut den ocularen Demonstrationen zugefügten Lautbilder sprachliche Schöpfungen, dann in den durch diese eingeleitete Concentrationen im geistigen Verkehr verdichtet, bis zum Erstarken im zehntausendjährigen Emporwachsen des accumulirenden Erbgutes zu solchen Ideen, die sich mächtig genug erweisen, den Geschichtsorganismus in ihrem Durchströmen zu bewegen. Alles das kann, sobald eben das erforderliche, das richtige Material (nicht etwa, in Hegel's Sinne, das „geistiger Naturwissenschaft" in beschaulicher Selbstgenugsamkeit*) vorhanden, mittelst der, unserer Naturwissenschaft bereits dienstbaren, Methoden in genügender Exactheit ausgeführt werden, — ausgeführt, nochmals gesagt: sobald (und wenn) dies Material vorhanden, und bis dahin bleibt freilich vorderhand noch so übergenug zu thun, dass die

---

*) Dem Geschichtsphilosophen ziemt es, in der Stille der Ewigkeit zu wohnen und von da aus in gottesähnlicher Ruhe das Leben in der Zeit zu beschauen und zu würdigen. (Ch. K. F. Krause.)

für solche Arbeiten erforderliche Zeit besser nicht mit müssigen Fragen verträdelt wird, betreffs dessen, was in den Resultaten herauskommen möchte.

Gerade die Ueberraschungen, die, weil scheinbar unvermittelt einbrechend, als Offenbarungen aus höheren Welten aufgefasst wurden, strahlten nieder in die beglückenden Culturepochen, und der von der Schöne des so plötzlich seinen Blicken enthüllten Ideales berauschte Menschengeist versenkte in rasche Vergessenheit die lange Reihe dunkler Vorstadien, unter denen sich der Wachsthumsprocess zur Reife entfaltet hatte. Vielleicht gelingt es uns in der bevorstehenden Weltperiode durch schärfere Aufmerksamkeit auf erste und früheste Lebensregungen die Entwicklung im Momente des Werdens selbst zu belauschen.

Eine solch' neue Periode, wie sie uns mit dem Durchbruch der naturwissenschaftlichen Weltanschauung begonnen, kann für die Ethnologie etwa von der Mitte unseres Jahrhunderts datirt werden. Einige Nachsicht also seitens uralter Wissensdisciplinen, den hochverdienten Begründern heutiger Cultur, mit dem kaum geborenen Säugling, den wir vor uns haben. Noch ist er klein und schwach, aber an Hoffnungen wahrlich stark, schon in der Wiege ein Riese! Wie also sah es aus im Jahre 1850, vom ethnologischen Standpunkt aus?

Die Locktöne idealistischer Gedankenwelten begannen zu erklingen in der vierten Decade, die Blicke richteten sich auf die Zukunft: „Die neue Philosophie macht den Menschen mit Einschluss der Natur, als der Basis des Menschen, zum alleinigen universalen und höchsten Gegenstand der Philosophie; die Anthropologie also, mit Einschluss der Physiologie, zur Universalwissenschaft," heisst es in Feuerbach's Grundsätzen der Philosophie der Zukunft. Dann brach die aus Joh. v. Müller's und Liebig's Lehren aufgesogene Kraft mit dämonischer Lebenskraft, wie in Lotze's*)

---

*) So auch: Allgemeine Pathologie und Therapie als mechanische Naturwissenschaften, (1842). Dann, wenn auch der Wirkung nach auf engeren Kreis beschränkt, Domrich's Verknüpfung der psychischen Zustände mit

darauf bezüglichen Artikel des Handwörterbuches proclamirt, unter
der Flucht mystisch-äffender Gespenster entlastete sich die schwül
drückende Atmossphäre, man athmete auf freier, in einem geklärten
Luftkreis, und in ihm sah nun der darauf geheftete Blick in
grandiosen Formen die Umrisse eines kosmischen Tempels abge-
zeichnet. Mit Bewunderung schaute er hin auf jenes „allgemeine
Naturgemälde", das unvollständig geblieben wäre, ohne auch „das
Menschengeschlecht in seinen physischen Abstufungen, in der geographischen Verbreitung seiner gleichzeitig vorhandenen Typen, in
dem Einfluss, welchen es von den Kräften der Erde empfangen, und
wechselseitig, wenngleich schwächer, auf sie ausgeübt hat, mit wenigen
Zügen zu schildern". Aber freilich folgt die Schlussformel (1845):
„Ein physisches Naturgemälde bezeichnet die Grenze, wo die Sphäre
der Intelligenz beginnt und der ferne Blick sich senkt in eine andere
Welt. Es bezeichnet die Grenze und überschreitet sie *nicht*."

Das war nun die Kernfrage, das Sein oder Nichtsein für die
Ethnologie. Aber die Ethnologie selbst war damals noch ein
fremdes Wort, wenigstens in Deutschland. Diese Zeiten einer
geistigen (und dazwischen ja auch politischen) Wiedergeburt habe
ich zum Theil in den Jahren meines Universitätsbesuchs mit
durchlebt. Für die folgenden muss ich mir aus der Literatur
Rath erholen, denn 1850 verliess ich Europa auf einer Reise, von
der ich erst 1857 zurückkehrte.

Manches trat mir damals fremdartig entgegen. Vielleicht
war Vieles in der That verändert, indess hatte ich selbst, un-
mittelbar am Abschluss meiner Studienzeit, die wissenschaftlichen
Kreise verlassen, ohne noch recht heimisch in denselben geworden

---

Körperkrankheiten, (1849), über „den Zusammenhang und die Verkettung
physischer und psychischer Vorgänge". Aus dem bereits reichlicher mit Beobachtungen gedüngten Pflegbeete der Pathologie blühte der Lotus neuer
Kalpa empor, und schon hatte der grosse Gärtner sein Lehramt angetreten,
der bald in der Pathologie, und später dann in der Anthropologie, Nutz- und
Fruchtbäume anpflanzte, zur Heilung körperlicher Gebrechen sowohl, wie zu
geistiger Nahrung.

zu sein. Und ausserdem, bei den dazumal noch langsameren, oder unter steten Ortsveränderungen um so schwierigeren Communicationen nach überseeischen Plätzen, hatte ich während meiner siebenjährigen Abwesenheit nicht viel gehört von Haus, weder von Moleschott's Kreislauf des Lebens (1852), noch von Vogt's Bildern und scharfschneidenden Schlagworten, von Kraft und Stoff (1855), vom Sensualismus (1855) u. s. w., selbst kaum von dem auf der Naturforscher-Versammlung 1854 heraufbeschworenen Kriegswirrwarr, der, neben Anderem, Noack's Psyche vorgerufen, als die Zeichen der Klärung einsetzten.

Alles das war von Jahresfrist zu assimiliren, neben derjenigen Literatur, die sich nöthig erwies, um den „Menschen in der Geschichte" zur Veröffentlichung zu bringen (1859), und während den Beschäftigungen damit trat der Erste Band von Waitz', im umfassenden Verständniss des Zeitbedürfnisses angelegten, Werk an's Licht (die Anthropologie der Naturvölker), sowie fast gleichzeitig der Plan zu der Zeitschrift für Völker-Psychologie, deren Ideen es mir vergönnt war, aus Lazarus eigenem Munde, unter den anziehenden Bildern seiner feinen Beobachtungen, entwickelt zu hören.

Gerne würde ich den Verkehr mit ihm und andern, während eines zeitweisen Aufenthalts in Leipzig gewonnenen, Freunden länger fortgesetzt haben, wenn sich nicht Ende 1860 eine zweite Reise nothwendig erwiesen hätte, da mir auf der früheren die Kunde des Buddhismus entgangen war, der in ihrer weiten Verbreitung ältesten Weltanschauung auf der Erde.

Bei der Rückkehr (1865) fand ich die Nachwirkungen von Darwin's heilsamer Reform (leider auch ihre Excentricitäten) in voller Bewegung, aber auch eine erste Einbürgerung der Menschenkunde auf deutschem Boden vollzogen, seit der auf Karl von Baer's Veranlassung zusammengetretenen Anthropologen-Versammlung in Göttingen (1861).

Von hierab konnte mitunter persönliche Betheiligung eintreten, da ich mich seit 1866 in Deutschland dauernd ansässig

betrachten darf, denn die ferneren Reisen bestanden nur in
kürzeren Entfernungen für gelegentliche Zwecke, einmal im
Interesse der afrikanischen Gesellschaft, und in den andern beiden
Fällen im Auftrage des königlichen Museum, wo mir im Jahre
1868 die Verwaltung der Ethnologischen Abtheilung übertragen
war, nachdem ich mich im Jahre 1867 an der Universität Berlin's
habilitirt hatte.

In dem seit der anthropologischen Versammlung in Frankfurt begründeten Archiv für Anthropologie war auch für die
Völkerkunde ein Plätzchen vorgesehen, doch lag, natürlicher Entwickelung gemäss, der Schwerpunkt zunächst in dieser Anthropologie, und zwar besonders mit ihrem Anschluss an den vaterländischen Boden, auf dem sie wurzelte und in dessen Tiefen*)
sie vorher einen Halt zu gewinnen hatte, gleichsam ein Pfeiler-
maass festigend, zur Rectification der bei weiten Durchwanderungen
der Erdoberfläche drohenden Zerstreuungen.

Auf die Spuren anthropologischer Vorgeschichte, die, nach
den im XVI. Jahrhundert beginnenden und von Plater bis
Scheuchzer auch Männer der Wissenschaft verstrickenden Mythen-
bildungen, mit Kemp, Frere, Esper, Rosenmüller, de Lamethrie
u. s. w., anzuheben, neben Tournal und de Christol auch Buckland
und Ballenstedt zu nennen, den trotz reichlichster Ernte sterilen
Forschungen Schmerling's und Lund's zu folgen hätte**), kann
hier nicht weiter eingegangen werden. Als der Besuch englischer
Geologen im Somme-Thal die langverkannten Mühen Bouché de
Perthes' belohnten, da bezeichnete Lyell's Bekehrung, wie im Jahre
1853 ausgesprochen, den entscheidenden Wendepunkt des allgemeinen Urtheils.

---

*) Die Geschichte des Menschen läuft mit ihren letzten Enden in die
Naturgeschichte desselben, in die Paläanthropologie aus (Ecker).

**) In den zusammen mit den Höhlen von Brixham, systematisch durch
Pengelly (wie später durch Boyd Dawkins) durchforschten Kent's Hole waren
bereits durch Mac Enery menschliche Werkzeuge neben ausgestorbenen
Mammalien gefunden (1825—41).

Und gleichsam als eine providentielle Fügung hätte es angesehen werden können, dass nun in dem Winter desselben Jahres (1853—54) jene Trockenlegung des Züricher See's eintrat, wodurch es Keller*) möglich wurde, aus dem Pfahlbau bei Meilen das Urvolk, wie es leibte und lebte, wieder in's Dasein heraufzurufen. Nicht handelte es sich, wie bisher, einzig um vereinzelte Steinsplitter, um Kohlenreste oder Asche, um morsche Schädel und Knochen des Einzelmenschen, sondern hier traten die vorweltlichen Geschlechter in dem ganzen Apparat gesellschaftlicher Existenz, wie er sie in ihrem damals versunkenen Dorf bekleidet hatte, sichtbar auf die Bühne.

Der Eindruck war ein durchgreifender und nachhaltiger, besonders als nun die neue Lehre, wie in den Wandervorträgen ihres Apostels verkündet, von Stadt zu Stadt hallte.

Am Schluss des Jahrzehnt und am Beginn des nächsten trat die mit fruchtbarsten Gährungskeimen schwangere Transmutationslehre hinzu, das Endresultat eines in der Jugend durch Weltwanderungen allseitig angeregten und dann in der Einsamkeit meditirenden Geisteslebens. Gleich einer Explosion erschütterte die Wucht dieser nicht länger aufstaubaren Ideen. Im plötzlich gewaltsamen Riss lang geheiligter Systeme schoss wilde Zwietracht empor, und im Widerstreit der Meinungen wurde tiefer und tiefer gewühlt, das frühere zu untergraben und dem künftigen einen Boden zu schaffen. Laut von allen Seiten erscholl der Schlachtenruf in der Domäne der Biologie, und dazwischen oft ein Siegesgesang der Geologie, wenn eine andere Schichtung wieder, durch erstes Aufdämmern in derselben, der Wissenschaft verfallen zu wollen schien.

Alle diese Zündstoffe wogten in der Luft während der sechziger Jahre, das Interesse für Anthropologie und Urgeschichte vielfach stimulirend, und wenn dann in den geographischen Gesellschaften die Kunde neuer Entdeckungen, auch im Völkerleben der aufgeschlossenen Länder, ihren Wiederklang erhielt, fand die Ethnologie

---

*) Mittheilungen der antiquarischen Gesellschaft zu Zürich (1854—61).

3*

gleichfalls ihre Rechnung, um inniger mit den Tagesfragen zu verwachsen.

In der Gesellschaft für Erdkunde Berlins bewahrte sich die Erinnerung an einen Gedanken Carl Ritter's, die Begründung einer ethnologischen Section betreffend, und obwohl derselbe, als während meines Vorsitzes zu wiederholter Berathung gelangend, sich in solcher Form nicht rathsam erwies, kam doch eine freie Vereinigung von Freunden dieser Studien leicht zu Stande. Die thätigste Mitwirkung wurde von Prof. Hartmann gewährt, und als ich mit ihm die Begründung eines ethnologischen Organes besprach, war er sogleich bereit, seine Kenntnisse und seine Arbeitskraft diesem Zwecke zu widmen. Dadurch wurde die Herausgabe der Zeitschrift für Ethnologie ermöglicht (1869), und das ihre Ziele darlegende Programm fand sympathische Aufnahme.

Trotz alledem fehlte noch der eigentliche Lebenshauch. In Fluss ward das Ganze, — in Berlin nicht nur, sondern in Deutschland überhaupt, — erst dann gebracht, als der siegreiche Vorkämpfer auf den Bahnen freier Wissenschaft, Rudolf Virchow, hinzutrat, als durch ihn und Karl Vogt bei der Rückkehr vom Anthropologen-Congress in Kopenhagen die anthropologische Section auf der Naturforscher-Versammlung in Innsbruck (nach den im Jahre vorher in Dresden bereits getroffenen Vorbereitungen) in's Leben gerufen und nun die allgemeine Aufmerksamkeit geweckt wurde. Dann constituirte sich (1870) die Gesellschaft für Anthropologie, Ethnologie und Urgeschichte in Berlin und begann (unter Virchow's Vorsitz) ihre regelmässige Reihe von Sitzungen, worüber für Einzelheiten auf die Zeitschrift für Ethnologie (Heft I, S. 399 und Heft II, S. 72) verwiesen werden kann. Auf der constituirenden Versammlung der deutschen Gesellschaft für Anthropologie, Ethnologie und Urgeschichte in Mainz wurde das Verhältniss zu den Localvereinen geregelt, unter Herausgabe des Correspondenzblatts, das mit dem Archiv für Anthropologie verbunden ward, während der Sitzungsbericht der Berliner Gesellschaft in der Zeitschrift für Ethnologie zu erscheinen hatten.

Diese Erhebung in Deutschland war allerdings nur ein späterer Anschluss an eine international bereits hergestellte Verbindung, unterhalten für Correspondenz (und zur Vervollständigung von Sammlungen in einem „Bureau d'échange et de vente") durch die von de Mortillet herausgegebene *Materiaux pour l'histoire positive et philosophique de l'homme* (1865). Im gleichen Jahre (1865) war auf der Versammlung der Société italienne des Sciences naturelles in La Spezzia ein internationaler Congress beschlossen, als Congrès paléo-ethnologique (pour les études préhistoriques). Dieser tagte (1866) in Neufchâtel bei der Versammlung der Schweizerischen Gesellschaft der Naturwissenschaften, dann während der Weltausstellung in Paris, als *Congrès international d'Anthropologie et d'Archéologie préhistorique* (1867) und für die nächstjährige Sitzung wurde die *British Association for the advancement of science* in Norwich (1868) bestimmt, dann folgte eine ununterbrochene Reihe von (später allzweijährigen) Congressen, in Kopenhagen, Bologna, Brüssel, Stockholm, Pesth, bis auf den letzten in Lissabon.

Dass der rasche Aufschwung, mit dem sich in dem angegebenen Zeitraume die bisher im unbeachteten Hintergrunde gebliebene Wissenschaft vom Menschen, die Doppelwissenschaft der Anthropologie und Ethnologie, mit einem Schlage zu einer der populärsten gestaltete, — dass dieser, im Zeitstrom*) zum reifen Ausbruch drängender Ideen emporschnellender, Aufschwung damals vorwaltend eine anthropologische**) Richtung nahm, fand in den natürlich gegebenen Verhältnissen seine Begründung. Unter den Naturforschern waren die Mediciner hier, vor allen übrigen, als Wort-

---

*) Die Inaugural-Sitzung der Anthropologischen Gesellschaft Wien's präsidirend, betonte es Rokitansky, dass „eigentlich erst in unseren Tagen die Anthropologie, vermöge einer klaren Auffassung ihrer Aufgabe, vermöge einer klar gewordenen Erkenntniss ihres Zusammenhanges mit anderen Wissenschaften, eines geordneten Verkehrs mit denselben, zu einem neuen, einen bestimmten Zwecke verfolgenden Wissensgebiete geworden" (1870).

**) L'anthropologie est la science, qui a pour objet l'étude du groupe humain considéré dans son ensemble, dans ses détails et dans ses rapports avec le reste de la nature (Broca).

führer berufen und ihnen selbstredend lag die anthropologische Aufgabe aus der Biologie am Nächsten zur Hand, zumal sich die Craniologie und die Palaeontologie bereits in erfolgreicher Weise auf dem
heimischen Boden mit den prähistorischen Studien verbunden hatten,
die ihrerseits wieder auf den, seit Thomsen's Zeit im Norden, festgestellten Grundsätzen eine Stütze fanden. Es lagen hier also zwei Be-
obachtungskreise vor, die in der Ueberschau genügend (und in der
Anatomie auch mit aller der von strengster Wissenschaft verlangbaren
Schärfe) beherrscht werden konnten, um sie in methodisch-systema-
tischer Form in Bearbeitung zu nehmen. Daran konnte bei der Ethnologie mit ihrem Bettelsack buntscheckiger Brocken, die ihr gelegentlich im Laufe der Zeiten von einem oder andern Ende der Erde hie und
da zugeworfen waren, noch nicht gedacht werden, am Wenigsten in
den Binnenländern Europa's, und so war es die *Société d'Anthropologie de Paris*, die 1859 hier unter Broca's Aegide an die Spitze der
Bewegung trat, während die aus der alten Erbschaft der ethnologischen Gesellschaft Zehrenden daneben nur ein kümmerliches Dasein *) fristeten (bis neuerdings aufgefrischt durch Rosny's Vorschlag
einer allgemeinen Welt-Correspondenz im internationalen Verkehr).

Einigermassen günstiger war es damit in England gestellt,
betreffs der *Ethnological Society*,**) die im Jahre 1861 ihre *Trans-
actions* herausgab, sowie eine *New Series* 1862.

---

*) Quatrefages schreibt die kraftvollere Entwicklung der anthropologischen
Gesellschaft, *reconnue Etablissement d'utilité publique* (im Jahre 1864) ihrer
„existence plus calme et plus regulière“ zu, während die der ethnologischen
unter der Zerrissenheit litt, die ihre Geschichte bekundet, und bei der
Vielheit der Aufgaben leicht erklärlich ist. Zuerst als *Société d'Ethnographie américaine et orientale* gegründet (1859) richtete sie (1864) als
Société d'Ethnographie das *Comité d'Archéologie américaine* und das *Athénée
orientale* ein, und neben der *Revue orientale et américaine* erschienen die
Actes de la Société d'Ethnographie. Die Anthropologische Gesellschaft giebt
neben dem Bulletin ihre Memoiren heraus, deren zweiter Band die *Instructions
générales pour les voyageurs* enthält.

**) Nachdem die „*Aborigines Protection Society*“, with the avowed
object to collect authentic information „concerning the character, habits and

Schon in einer Addresse ihrer Vorgängerin, die sich im Anschluss an die Aborigines Protection Society, aus einer (von
Prichard präsidirten) *Sub-section for Ethnology* auf der British Association in York herausgebildet hatte, wurde gesagt (1844): Great
Britain is at the present moment in communication with the uncivilized nations of the world, to a far larger extent, than any
other power on earth, in London therefore an Ethnological Society
will find an appropriate place.

Obwohl nun seitdem mit den erleichterten Verkehrsmitteln
sich auch eine Menge neuer Bezugsquellen zur Vervollständigung
des Materials für die Ethnologie eröffnet hatten, vermochte sie doch
bei der plötzlichen Erstarkung der Anthropologie den Wettstreit
mit derselben nicht zu bestehen, und unterlag in den auf den
Versammlungen der *British Association for the advancement of
Science* in Birmingham und folgenden geführten Disputationen, so
dass daraus, besonders auf Hunt's Veranlassung (trotz Crawfurd's
Widerspruch) die *Anthropological Society* hervorging, später (unter
Secessionen und Reconciliationen), als *Anthropological Institute for
Great Britain and Ireland* constituirt.

Die Rivalität drehte sich natürlich nur um leeren Wortstreit,
aus häkelnden Eifersüchteleien, oder besser aus wohlgemeinten
Neckereien zwischen Mitarbeitern an einer gemeinsamen Wissenschaft hervorgegangen, und obwohl die Namenstüpfteleien, wofür bei
den wichtigen Vorlagen die Zeit eigentlich zu kostbar hätte sein
sollen, völlig plan-los geführt waren, thaten sie doch vielleicht insofern gut, weil sie die Gemüther erhitzten, für Studienzweige, die
sie bisher allzu kalt und gleichgiltig gelassen hatten, jetzt aber
unter dem Schutze weitklingender Namen (wie Huxley, Darwin,
Lubbock, Tylor, Franks, Fox u. s. w.) überall Sympathien erweckten.

---

works of the uncivilized tribes", gegründet war (1837), erliess King (1842)
einen Prospect, um in London eine Gesellschaft (still wanting to complete the
cercle of Scientific Institutions) zu gründen, „whose sole object should be
the promotion and diffusion of the most important and interesting branch
of knowledge: Ethnology (the Ethnological Society).

England, wie nicht auseinandergesetzt zu werden braucht, ist
durch sein praktisches Interesse*) auf die Völkerkunde geführt,
und dass die Sicherheit einer Colonie, wie Indien z. B., zum grossen
Theil auf richtigem Verständniss der den Boden bewohnenden
Menschenstämme beruht (schon um frühere, oft gefährliche, Missgriffe zu vermeiden), ist den Verständigeren unter den Beamten
auch völlig klar, so dass den Arbeitsfrüchten dieser gerade die aus-
gezeichnetsten Monographien zu verdanken sind, und wenn die
für das Jahr 1874 in Calcutta proponirte Ausstellung der Rassentypen noch nicht zur Ausführung kam, sind für manche Lücken
reich ausgestattete Kupferwerke eingetreten.

Auch Holland, aus gleichen**) Motiven geleitet, schliesst sich
würdig an, und wie als Ergebnisse der 1784 gegründeten Gesellschaft das *Journal of the Asiatic Society of Bengal*, nebst dem
frühern *Asiatic Researches* (sowie das *Journal of the Indian Archi-
pelago*), bildet die *Tydschrift voor indische Taal, Land, en Volken-
kunde*, (das Organ der *Bataviaasche Genootschap van Kunsten en
Wetenshapen*, die bereits ihr hundertjähriges Jubiläum feiern konnte),
eine unerschöpfliche Fundgrube ethnologischer Forschungen.

---

*) The Indian government cannot afford any longer to be unacquainted
with the character, condition and necessities of these primitive forest tribes,
who everywhere surround our frontier, and whose ethnical kindred form so
important an element of the population of the plains (s. Hunter). „Es
würde auch den Ruhm Sr. Majestät, die so viele Völker beherrscht und zu
verbessern sucht, und die Erkenntniss des Ursprungs der Nationen, so aus
dem Ew. Majestät unterworfenen Scythien in andere Länder kamen, und Vergleichung der Sprache befördern", schreibt Leibnitz an Peter den Grossen
(26. Oct. 1713).

**) Für Oesterreich sprach in der Eröffnungsrede der Anthropologischen
Gesellschaft Rokitansky dasselbe Bedürfniss, als ein praktisches, aus, das
ebenso in Russland fühlbar, dort die anthropologischen Ausstellungen ver-
vielfältigt. Quatrefages macht auf die für die Anthropologie günstige
Strömungsrichtung der durch die Februar-Revolution aufgerührten Wellen
aufmerksam: C'était au nom de la nationalité et de la race, que l'Italie
tentait de sécouer le joug allemand, que l'Allemagne essayait de se constituer,
que l'Irlande s'agitait, que la Hongrie se soulevait.

Wesshalb also in der *Société d'Anthropologie* craniologische oder vorgeschichtliche Fragen des Heimathsbodens vorwiegende Behandlung finden, im *Anthropological Institut* die ethnologischen, bedarf keiner langen Erklärung, und ebensowenig deshalb auch die Pflege der vergleichenden Psychologie in englischer Literatur.

Sobald sich die Ethnologie auf einem festgestellten Pfeiler in der Anthropologie ruhen fühlte, und damit auf einer physiologisch gesicherten Psychologie, hatten die weiteren Schritte zur vergleichenden Psychologie des Menschen als Gesellschaftswesen zu geschehen, in den Völkergedanken.

Das erste Anstreben dahin findet sich in Meiners' Arbeiten (1785—1810), indessen zu einer Zeit, wo das Material noch auf ärmlichstes Stückwerk beschränkt war und die naturwissenschaftliche Durchbildung der Physiologie zu ihrer Berührung mit der Psychologie noch fehlte.

Waitz werden solche Gedanken in seiner „Psychologie als Naturwissenschaft" früh bereits vorgeschwebt haben, doch gelangte er erst unter längeren Vorarbeiten zur Ausführung seines grossen Werkes, „durch psychologische Studien zu ihr hingeführt", und der erste Band desselben erschien 1859, in demselben Jahre, als der Versuch gemacht war, die Ergebnisse der vorangegangenen Reise-Eindrücke in dem „Mensch in der Geschichte" niederzulegen. In seiner als Erstlingsprodukt auf fast noch ungesichtetem Forschungsfelde wenig geordneten Form, sollten auf demselben nur die ersten Landmarken aufgesteckt. werden, als Wegweiser anderweitig etwa einzuschlagender Pfade, wenn die herbeigetragenen Rohstoffe*) in monographischen Verarbeitungen ihre Sichtung und Ordnung ge-

---

*) Da an der dort angeregten Gedanken-Statistik auch in den späteren Werken fortzuarbeiten war, haben diese meist eine Unbehülflichkeit der Darstellung angenommen, die der Kritik vielfach einen, nach dem von ihr gewählten Gesichtspunkt, nicht ungerechtfertigten Anstoss gegeben. Weshalb vorläufig daran leider nichts zu ändern ist, und bei den vorliegenden Zielen auch nicht geändert werden darf, habe ich verschiedentlich angedeutet, z. B. Culturländer des Alten Amerika, Bd. 2, S. XXV, Ethnologische Forschungen, Bd. 2, S. VIII fig. u. a. a. O.

funden haben würden. Entscheidend für Manches spätere war, bei
der Rückkehr von meiner zweiten Reise im Jahre 1865, ein freilich
nur flüchtiges Zusammentreffen mit Tylor in England. Er kam
aus Deutschland, wo er mich, bei persönlicher Abwesenheit unter
der Druckerschwärze angetroffen hatte, und so wäre mehr zu be-
sprechen gewesen, als die damals uns Beiden kurz bemessene
Zeit erlauben konnte. Seine bald darauf erschienene *Primitive Culture*
(welche zwei junge Gelehrten von mir veranlasst wurden, in's
Deutsche zu übertragen) erkämpfte dieser psychologischen *) Richtung in der Ethnologie ihre gebührende Anerkennung, und auf dem
von ihm einer neuen Wissenschaft gewonnenen Felde fand sich dann
Hülfe an achtunggebietenden Bundesgenossen, an Lubbok's bald
weit bekannten und weit verbreiteten Schriften, an Spencer, der
mit den auf philosophischem Terrain bereits erstrittenen Lorbeeren
den jüngeren Forschungszweig schmückte, an Mc. Lellan, an Morgan
aus der Union zutretend, u. A. m.

In Deutschland folgte Caspari's Urgeschichte, noch etwas
meta-physisch gefärbt, aber eben deshalb vielleicht desto eher
geeignet, sich dem in Deutschland verbreiteten Geschmack des
Publikums anzugewöhnen und so den Uebergang einzuleiten.
Weiter wäre dann der fleissigen Monographien zu erwähnen, in
denen R. Andree den Namen eines um die Ethnologie wohl-
verdienten Vaters in dem Fortschreiten derselben lebendig erhält,
und mancher anderer Früchte junger Arbeiter, die hoffnungsvoll in
die Zukunft zu blicken erlauben.

Auch darf sich Deutschland den Ruhm gönnen, in *Waitz'*
Anthropologie der Naturvölker, sowie der, besonders im letzten
Bande vorzüglichen, Fortsetzung derselben durch *Gerland* ein

---

*) La git une science nécessairement nouvelle, puisqu'elle ne peut dater
que de la réaction contre les idées cartésiennes, science encore sans nom,
effleurée par de grands esprits, qui ont eu le privilége de tout deviner, mais
jamais étudiée, scrutée à fond jamais soumise à tous nos procédés de
connaissance. La nommer Psychologie comparée, c'est en dire le but et
les moyens (1858).

Handbuch zu besitzen, um das man uns im Auslande beneidet. Freilich wird das auf seinen Seiten aufgespeicherte Material bei dem ununterbrochen fortgehenden Wachsen desselben in der Ethnologie auch periodische Vervollständigungen nöthig machen. Es ist deshalb freudig zu begrüssen, dass eine neue Auflage in Vorbereitung ist, und zwar unter Gerland's eigener Hand, die ihr bereits erprobtes Geschick auch hier bekunden wird.

Von Lehrbüchern, soweit solche bei dem jetzigen Standpunkt der Ethnologie überhaupt schon zulässig sein dürften, empfiehlt sich das Peschel's durch die anziehend gefällige Darstellungsweise seiner Schriften, und die Müller's durch seine gründliche Gelehrsamkeit im linguistischen Fache, sowie, im Anschluss an heimische Vorgeschichte, die Werke Dieffenbach's. Aus früherer Zeit wäre neben Prichard noch Latham zu erwähnen, ferner Virey, Bory St. Vincent (1817), Desmouliu's (1825), Lacépède (1827), Lawrence (1819), dann Breitenbach, Kriegk, Perty, Rougemont, Smith, Schmidt, Weerth, Lücken, Frankenheim u. s. w.

On comprend que les hommes voués aux travaux anthropologiques hésitent à entreprendre la redaction d'un ouvrage classique sur une science, qui n'est pas encore classique, sur une science en voie d'évolution rapide, dont le programme d'ensemble n'a été tracé que depuis une douzaine d'années, et dont les parties les plus importants qui sont aussi les plus neuves, subissent, au cours des discussions de chaque jour des modifications continuelles (1871).

Wie die Ethnologie jetzt liegt, lässt sich Virchow's für andre Gesichtspunkte ausgesprochenes Wort wiederholen: „Es ist noch zu früh für Theorien".*) Wessen es gegenwärtig bedarf, sind die Materialbeschaffungen, und, zu ihrer gesicherteren Realisirung, vor allem also Ethnologischer Museen. Damit allerdings ist es schlimm bestellt.

---

*) So im besondern Bezug auf Ethnologie: In the present state of our knowledge it is impossible to recognise a system. Every system and every hypothesis has been established on authorities so extremely weak, as to be fast tottering into that neglect, what must necessarily await every system, whose basis is not constructed on facts (King).

Gleichzeitig mit dem wissenschaftlichen Bürgerrecht der exacten Naturstudien musste überall in jedem Zweige derselben die Forderung nach Museen ihr Gehör verlangen.

Es liegt klar genug zu Tage, dass, sobald der inductive Forschungsweg betreten werden soll, um vom Einzelnen zum Allgemeinen fortzuschreiten, sobald also das System aus dem Aufbau der zusammengetragenen Einzelnheiten erst zu entstehen hat, diese als eine *conditio sine qua non* vorher vorhanden und da sein müssen, denn dass aus Nichts Nichts kommt, braucht nicht wiederholt zu werden, *οὐδὲν γίνεται ἐκ τοῦ μὴ ὄντος*, aber was wir aus Thatsachen weiterschaffend entwickeln, wird dauern *(οὐδὲν φθείρεται εἰς τὸ μὴ ὄν)*.

Eine selbstvertrauend wagehalsige Metaphysik ist zwar zu Vielem fähig und im Stande, aber wenn auch vor einer Phämenologie des Geistes nicht zurückschreckend, würde sie sich doch wohl kaum erkühnt haben, eine Mineralogie, Botanik oder Zoologie aus dem reinen Denken*) zu schaffen, ohne die Steine, Pflanzen und Thiere erst vor sich zu sehen.

Sie waren also, um als erste Vorbedingung eine systematische Uebersicht zu ermöglichen, zunächst aus allen Theilen der Welt zu versammeln und dann von den heimkehrenden Reisenden, für die Gelehrtenrepublik zum allgemeinen Gebrauch und wissenschaftlicher Verwerthung, in den Museen niederzulegen, nicht mehr an den Musensitzen heiterer Künste, sondern auf dem Altare trockner und ernster Scholastik, der der Schweiss (in dem Dichterwort) höher gilt, als die *ἀρετή* (der Eristiker).

Bei dem, jedem Auge deutlich und vor Jedes Augen hingeschriebenen, Bedürfnisse des Zeitgeistes nahm die Errichtung

---

*) Die Ethnologie ist den beschreibenden Naturwissenschaften (b. Helmholtz) anzureihen, „die ein ungeheures Material in Thatsachen zu sammeln, zu sichten und zunächst in eine logische Ordnung, in ein System zu bringen habe" (ehe die philosophische Behandlung ansetzen kann). Daher auch Hülfsmittel technischer Art, wie sie sich in einfachster Form schon Leibnitz fühlbar machten: Ego velim regiones dividi per linguas et has notari in cartis.

der Museen ihren rüstigen Fortgang, und bald fanden sich Steine, Pflanzen und Thiere in ihrer Behausung, unter Dach und Fach.

Nur des Menschen eigenster Sohn hatte nicht, wohin sein Haupt er legte. Die Anthropologie erhielt vielleicht hie und da einen Winkel eingeräumt unter dem Schädelgerümpel anatomischer Sammlungen, aber die Ethnologie, wie Sir A. Malcolm es ausdrückt, „had gone a begging" (selbst für Sitzungslokale) oder war dem Wirrwar der Raritätenkammern*) eingemengt.

Der erste Anfang hier zu helfen, machte sich in Kopenhagen geltend (einst im Besitz des Museum Wormianum Olaus Worm's) und zwar vom practischen Bedürfniss aus, dem der Vaterlands-kunde. Indem sich in den prähistorischen Sammlungen mannigfache Vergleichungspunkte mit den Erzeugnissen noch lebender Völker ausserhalb Europa zeigten, so erhielten auch deren Sammlungen allmählig eine systematische Anordnung.

Was sich anderswo darauf bezügliches fand (manchmal bereits von älterer Zeit her) hätte auf Bezeichnungen wissenschaftlicher Sammlungen keinen Anspruch gehabt, wie sie auch Niemand solchen Raritäten-Cabinetten zugedacht haben würde, in welchen die curiosen Geschichten der Wilden der Neugier zur Schau gestellt wurden. Daraus indess hatten sich die Ethnologischen Museen zu entpuppen, wie das moderne Theater aus dem Harlequin.

Eine Ausnahme, die der wenigen Vorgänger wegen (wie etwa in Lorentz Hofmann's Thesaurus zu finden) besondere Erwähnung

---

*) Wie in der Ambraser Sammlung (im Belvedère Wien's später mit dem ethnographischen Kabinet verbunden), in der von Olearius aus dem Nachlass des Reisenden Paludanus zu Enkhuyzen auf dem Schloss Gottorf geordneten, dem durch von Quiccheberg an Herzog Albert in Bayern proponirten Theatrum, oder der geist- und weltlichen Schatzkammer in Wien, der Kunstkammer des Kurfürsten August von Sachsen, wo sich (s. Klemm) „neben Gemälden und Schnitzwerken, Compasse, Messketten, Obstmesser, Jagdzeug, Messscheiben, allerlei Geräth, Gewehr, Gefäss, Preciosen, Mineralien, Thiergeweihe u. dgl." zusammenfanden. Dies wiederholt sich in Willamoes-Suhm's Beschreibungen über den Anfang japanischer Museen. Neickel's Museographia lehrte die „Anlegung der Museorum oder Raritäten-Kämmern".

verdient, war in der privaten Sammlung eines deutschen Cultur-
historikers*) gegeben, des Bibliothekar Klemm in Dresden, dem
sie zugleich zur Erläuterung seiner technischen Gesichtspunkte
diente. Allerdings ging, als von diesen und anderen Anordnungen**)
abhängig, die geographische Grundlage verloren, doch konnte an
den in ihr gelieferten Kern das Leipziger Museum ankristallisiren,
das den Zeitanforderungen der Völkerkunde folgend, in seinen
Dimensionen bald die der Räumlichkeiten überwuchs, auf welche
es sich noch eingezwängt findet.

Die in Frankreich schon seit Cuvier's Zeit beständig, — beständig aber vergeblich, — wiederholten Verlangen nach ethnologischen Museen sind bereits zur Erwähnung gekommen. Frankreich,
das so oft in solch' internationalen Fragen vorangeschritten, darf es
sich auch diesmal als Verdienst beimessen, dass seine für die
Zeitbedürfnisse sensibeln Denker am frühesten in dem Grauen der
Zukunft das schwankende Gestaltungsbild einer Völkerkunde vor-
geschaut haben, aber Frankreich, das sonst dann gewöhnlich auch
rasch und geschickt das theoretisch Erkannte in die practische Verwirklichung überzuleiten versteht, blieb diesmal auffälliger Weise im
Hintertreffen. Erst jetzt mit dem durch die *Missions scientifiques*
allzu schlagend gelieferten Beweise unabweislicher Nothwendigkeit,
ist die Sache der Ethnologischen Museen in Paris ernstlich in die
Hand genommen, und jetzt wird sie nun baldigst auch, wie
nicht zu zweifeln, glänzende Triumphe feiern.

---

*) Das wichtigste wäre ein Museum für die Kunde aller Völker der
Erde, um so wichtiger, als die Zeit wohl nicht mehr fern ist, wo die eigen-
thümlichen Geräthe und Kunstwerke der wilden Nationen gegen europäische
Producte vertauscht und in alle Welt zerstreut sein werden, bemerkt
(1845) Klemm, der die Anregung zu dem, was er suchte, auf das fremdartige
Leben der Kriegsjahre (1806 u. flg.) zurückführte.

**) Als „Zweck der Sammlung" galt „die Entstehung der verschiedenen
menschlichen Gewerbs- und Kunsterzeugnisse aus den von der Natur dargebotenen Stoffen und die fernerweite Entwickelung derselben zur Anschauung
zu bringen" (1852).

In England war man leichtverständlich gezwungen, Ethnologische Sammlungen zu machen, ob man wollte oder nicht.
Die aus allen Colonien des britischen Imperiums Curiositäten
zusammenschleppenden Schiffe, würden, wenn man sie in jenen,
leider längst vergangenen Tagen, wo die Quellen noch üppig und ur-
sprünglich sprudelten, ausgebeutet hätte, genügt haben, den ganzen
Erdball im British Museum mikrokosmisch zu concentriren. Auch
jetzt, ohne dass hieran im vollen Sinne noch gedacht werden konnte,
füllten sich seine weiten Räume ununterbrochen mit ethnologischen
Objecten, und sie erhielten eine festere Ordnung seit der Verbindung
mit der Christy-Collection, der Schöpfung eines Privatmanns,
der nicht nur als Maecen, sondern zugleich als treuer Diener der
Wissenschaft, dieser neben seinen Geldmitteln, noch seine persönliche Thätigkeit auf Reisen gewidmet hatte. Auch bei der, unter
den durch Einzelne erreichten Erfolge glänzend hervorragenden,
Sammlung des Hamburger Rheder Godeffroy, wird ihr Werth er-
höht durch selbstständiges Mitwirken beim Schaffen, mittelst der
Capitainen und Agenten ertheilten Instructionen.

Alles das ist aber erst die Frucht jüngster Zeit, früher wurde
höchstens der Auftrag ertheilt, etwas möglichst Barockes und
Abstruses von den Cannibalenländern mitzubringen, und dieser Art
Dinge mochten dann ihren Weg in Ethnologische Museen finden, oder
vielmehr, da solche, wie gesagt, nicht existirten, in Curiositäten-
kammern, die für das eingerichtet waren, was ihr Name besagt.

Derartiges fand sich in Weimar,*) Göttingen (in den von
England übergebrachten Proben aus Cook's Sammlungen), in Gotha
(im Kabinet des Schlosses), Salzdahlen (bei Braunschweig), Cassel
und einigen andern Plätzen Deutschlands und ungefähr derartiges
(hier freilich in umfassender, und unter den Anlagen damaliger Zeit
in weit hervorragendster, Weise) war es auch, was aus dem Raritäten-
kabinet der früheren Silberkammer**) im Schlosse Berlin's mit

*) Seitdem nach Jena (in die Universitätssammlung) translocirt.
**) Interessanter und zugleich bedeutungsvoller Weise verknüpfen sich die
ersten Spuren ethnologischer Sammlungen in dem Schlosse Berlin's mit den

der Vollendung des Neuen Museums (1856) in eine der dortigen
Abtheilungen übertragen wurde. Diese, die ethnographische Abtheilung, war nebst der vaterländischen mit der Kunstkammer
verbunden, unter der Bezeichnung: Abtheilung der Kunstkammer
mit den historischen Denkmälern, der Ethnographischen Sammlung
und die Sammlung der Vaterländischen Alterthümer.

Der Umzug aus dem Schlosse in das königliche Museum
wurde als Director durch den Freiherrn von Ledebur geleitet.
der sich bei Allen, die ihn schätzen und achten gelernt, eine dank-
bare Erinnerung gesichert und durch sein Archiv sowohl, wie
durch grundlegende Arbeiten verschiedener Art die germanistischen
Studien wesentlich gefördert hat. Die durch diese letztere ge-
gebene Prädilection für die vaterländische Sammlung hielt das
Interesse dafür wach, obwohl die Hauptthätigkeit durch die Vielfachheit der in den heterogenen Elementen der Kunstkammer
gestellten Fragen (in Heraldik oder Siegelkunde sowohl, wie
mittelalterlicher Kunst) in Anspruch genommen wurde. Wenn die
sogenannte Ethnographische Abtheilung verwaist blieb, so war dies
unter der Verwaltung des als preussischer Geschichtsschreiber
durch ihm vertrautere Interessen angezogenen Prof. Förster um
so entschuldbarer, weil es zu jener Zeit noch zu den Ausnahms-
fällen gehörte, wenn exotische Producte der Völkerkunde bis nach
einer Binnenstadt, wie Berlin, gelangten, und eine Nachfrage dafür,
wofern man daran überhaupt gedacht, an allerlei umständlichen
Schwierigkeiten meistens hätte scheitern müssen.

Dennoch waltete insofern ein günstiger Stern über der Entwickelung der Sammlung, weil sie seit dem Jahre 1839 von Herrn
von Olfers, als Generaldirector, gepflegt wurde, indem diesem bei
einem zeitweiligen Besuche Brasiliens manche der ethnologischen
Gesichtsblicke aufgegangen war, die damals durchschnittlich noch
ausserhalb der europäischen Sehweite lagen, wenigstens in den
Continentalstaaten. Wenn man sich in den Hansestädten freilich

auf Colonisation und Entwickelung der Marine hingerichtete Plänen des
Grossen Kurfürst (wie anderswo ausgeführt).

angeweht fühlen mochte von den frischen Briesen des Weltverkehrs, die um London als Centrum circuliren, so machte sich doch bald ein Unterschied fühlbar bei Entfernung von den Häfen in das Innere, und dort schien, auch bei freiester geistiger Begegnung, der geographische Horizont, wenn dieser zur Sprache kam, ebenso eng mit Brettern vernagelt, wie die Grenzen damaliger Kleinstaaterei.

Berlin allerdings, wo Ritter's Lehrstuhl stand, war ein Versammlungsort glänzendster und höchster Koryphäen unter den Namen der Entdeckungsreisenden geworden, Humboldt, Erman, Buch, Ehrenberg, Rose u. s. w. bis auf Barth, unter dessen Leitung sich die Gesellschaft für Erdkunde mehr ihren praktischen Aufgaben zuzuwenden begann, aber an der damalig vielseitigen und oft genug nachhaltigen Förderung geographischer Zweigwissenschaften, hatte die Ethnologie geringen Theil, und in ihrer Sammlung finden sich die weithallenden Namen der obigen Liste nur durch spärliche Erinnerungszeichen vertreten.

Auf solch sporadisch einfallende Geschenke waren die Vermehrungen in der Hauptsache hingewiesen, da man in ihnen leicht zu viel und überviel gethan zu haben meinte, und einige der von Olfer's ausgeführten Ankäufe veranlassten allerlei Gerede, die zu den Verbitterungen seiner letzten Tage beigetragen haben mögen.

Als ich damals von ihm, bereits durch Krankheit gebrochen und sichtlich gebeugt, in die Abtheilung eingeführt wurde, sprach er mit zögernder Stimme nur von Hoffnungen auf eine Zukunft der Ethnologie, Hoffnungen zwar, an welche jedoch der schon ermattete Blick seines Auges kaum noch zu glauben schien.

Und woher auch hätte eine Verbesserung erwartet werden können? Ich selbst am wenigsten dürfte den Muth gehabt haben, hier in Versprechungen zu trösten, denn möglicherweise konnte diese Gelegenheit die erste sein, dass ich von Sammlungen der Ethnologie, von Bekleidung derselben mit einem wissenschaftlichen Charakter, überhaupt etwas hörte, so völlig unbekannt und fremdartig klang damals, im Allgemeinen noch, die Bezeichnung nicht nur, sondern eben auch die Sache, um welche es sich handeln sollte.

Die geringe Frequenz, die der Abtheilung geschenkt wurde, musste im Grunde willkommen gelten, denn mit einiger Beihülfe Dr. Jagor's (durch dessen praktische Talente später aus Indien der Sammlung werthvollste Bereicherungen zugeführt wurden) liess sich bald constatiren, dass die aus zufälligen Accidenzen schon vermutheten Ungenauigkeiten der Aufstellung nicht nur die Unterschiede zwischen einzelnen Stämmen, sondern ganze Continente betrafen, so dass Afrika, Amerika und Australien in manchen Schränken etwas wirr und verwirrend durcheinander liefen.

Von wo sollte hier die Abhülfe kommen?, da es bei inductiven Wissenschaften, die sich eben aus objectiv gesicherten Materialien aufzubauen haben, mit vorzeitiger Kritik stets schwere Bedenken hat. Und um die leitenden Prinzipien zu gewinnen, wer konnte hier in Deutschland als Lehrmeister zu Rathe gezogen werden? Die wenigen Ethnologen, die wir uns auf dem Continent diesen Namen beilegen mochten (und noch jetzt, im ziemlich wörtlichen Sinne, an den Fingern abzuzählen wären), hatten uns zum Theil in den *Septem Artes Liberales* ganz tüchtig abgemüht, aber sich mit solchen Spielsammlungen zu befassen, dazu würden sich die Meisten unter uns, im Stolze auf scholastische Schulung (so viel oder wenig davon in der Abreibung auf Reisen zurückgeblieben) bis vor Kurzem vielleicht noch allzu vornehm gefühlt haben.

Jetzt indess sprach die Zeit bereits so laut, was sie wollte und verlangte, dass keine Musse für Erinnerung oder Rückschau blieb, und der Blick sich festgebannt fühlte durch die wunderbare Fülle neuer Verheissungen, die sich plötzlich vor ihm aufthaten. Die in gereifter Geschichtsordnung hervorquellende Zeitströmung hat hier Wunder gewirkt, nicht die Einzelnen, die mithalfen, — und wenn diese, von der Fluthung gepackt, davon fortgerissen, trieben sie in unbewusst hinstrebendem Drange einem noch dunkeln Ziele entgegen, das allmählig erst heller sich abhob, dann in schärferer Form begreifbar vor Augen stand, aufgehellt und hellend.

Durch glückliche Schickung kam damals der Director der Ethnologischen Sammlungen im British Museum zum Besuch nach Berlin, also gerade diejenige Autorität, als welche keine bessere in ganz Europa hätte gewünscht werden können, denn am naturgemässesten auf Englands Boden erwuchs das praktische Studium der Ethnologie.

Den vielfachen Freunden Herr A. W. Franks' brauche ich nicht die Liebenswürdigkeit zu schildern, mit welcher er während seines mehrtägigen Aufenthaltes in Berlin meine vielfachen Fragen geduldig entgegennahm, um sie mit dem Takt seines feinen Urtheils aus reichsten Erfahrungsschätzen zu beantworten.

So war grade, noch eben zu rechter Zeit, ein gesichertes Fundament gewonnen, auf welchem die jetzt bald zahlreicher strömenden Vermehrungen ihre festen Localisirungen erhalten konnten.

Es war als nächste Aufgabe anzusehen, statt aussergewöhnlicher Merkwürdigkeiten, welche bis dahin fast allein eines Platzes in dem Museum werth geachtet, methodisch angelegte Sammlungen des Durchschnittsmenschen zu erhalten, damit nicht länger in dem die Augen weniger Treffendem, das der inneren Wichtigkeit nach vielleicht schwerest Wiegende übersehen würde.

Eine erste Hülfe bot sich seit Gründung der Afrikanischen Gesellschaft in den für die Reisenden derselben ausgefertigten Instructionen, ebenso in denen der Humboldt- und Ritterstiftung, dann, als unversiegender Born, durch die Thätigkeit der Deutschen Marine, deren werthvollste Beiträge (besonders aus der Südsee) im nationalen Museum doppelten Werth besitzen, weiter durch Circularschreiben an die Consulate, durch Mitwirkung der Missionäre auf ihren Arbeitsfeldern und vieler der in kaufmännischen oder anderen Functionen in der Aussenwelt thätigen Landsleute, so dass, wenn mit der Vollendung des neuen Museums diese Verkörperungen der Völkergedanken in systematisch geordneten Sammelstücken einmal enthüllt sind, sich dem Durchwanderer derselben nach allen Seiten hin Ausblicke in neue Welten des Geistesreiches eröffnen werden. Der Umschlag, der gegenwärtig

4*

für Anthropologie und Ethnologie eingetreten ist, wird am lebhaftesten von denjenigen empfunden, die ihn mit durchlebten. Bis vor Kurzem kaum gekannt und selten genannt, oder, wenn genannt, nicht verstanden, ist ihr Name jetzt in jedes Munde, und vor allem strahlt die Anthropologie in dem durch hohe Protektionen ertheilten Glanze. Die Ethnologie hat die oben bezeichneten Erfolge zum grossen Theil der Unterstützung der Kaiserlichen Admiralität sowohl, wie des Auswärtigen Amtes zu verdanken, dessen mächtiger Schutz ihr auf verschiedenen Wegen zu Gute gekommen ist, und ausserdem hat sie sich der wohlwollendsten Aufnahme ihrer Anliegen bei demjenigen Ministerium zu erfreuen, dem sie an Universität und Museum untergestellt ist, dem sie zugleich den jetzt begonnenen Neubau ihres eignen verdankt. In ihm werden dann auch die vom Königlichen Hause überwiesenen Auszeichnungen geziemender Geltung nach hervortreten.

Bei keiner Wissenschaft mehr, als bei der Ethnologie, deren Sammel-Material über die ganze Erdoberfläche zerstreut und ausgebreitet ist, macht sich das Bedürfniss weiter Organisation dringender fühlbar, und was durch eine solche erreicht werden mag, das hat sie das Glück gehabt, an einer ihrer wichtigsten Hülfswissenschaft bereits zu erfahren, bei den *Linguarum totius Orbis Vocabularia comparativa Augustissimae*) cura collecta* (1786).

„Wer vermag den Einfluss zu berechnen, welchen Catherinen's ausserordentliches Werk auf die Arbeiten und Bemühungen europäischer und namentlich deutscher Sprachforscher gehabt hat? Wer den Nutzen aufzählen, welche ein Rüdiger, Dobrowsky, Adelung, Vater, von Humboldt in ihren unsterblichen Arbeiten daraus gezogen haben, um den neuen Bahnen nachzuspüren, welche sie, mit dieser Hülfe ausgerüstet, dem Sprachstudium, wie der Völkerkunde geöffnet haben" (1815).

---

*) Ipsa quoque Augustissima, graves inter Imperii curas, otia sua iisdem scientiis, historiae praesertim patriae excolendae atque linguarum totius universis comparandarum studio, dicavit. Und so Pallas: Sa Majesté Imperiale a fait Elle-même un choix des mots (für die Glossarien des Allgemeinen Wörterbuches).

Wie solche Erfolge errungen wurden, wird bei Adelung erzählt:
„Der Wunsch der Kaiserin wurde allen Gouverneurs durch be-
sondere Cabinetsbefehle bekannt gemacht und ihnen die grösste
Sorgfalt bei der Erfüllung derselben empfohlen" (in Uebersendung des
„Modèle du vocabulaire, qui doit servir à la comparaison de toutes
les langes") und „die russischen Gesandten an den verschiedenen
Höfen Europa's beeiferten sich, die Sprachen und Dialecte des
Landes, dessen Hauptstadt sie bewohnten, der grossen Sammlung
beizufügen", während die Probenwörter nach „China, Brasilien, Nord-
amerika, befördert wurden, in welch letzterm Freistaat der grosse
Washington durch alle Gouverneurs und Generale der vereinigten
Provinzen zu diesem Zwecke Sprachsammlungen anstellen liess".

Wenn jetzt auch für Museumszwecke ähnliche Anordnungen
getroffen werden sollten, durch den Präsidenten der Union, durch
Brasilien's kaiserlichen Herrn, durch den mächtigen Beherrscher
aller Reussen*), so dürfte in der Ethnologie ein zweiter Schritt
gethan sein, wichtig gleich dem ersten, und, weil von diesem
bereits profitirend, für die Folgen wichtiger noch.

Vergegenwärtigen wir uns zunächst, was die Ethnologie
überhaupt will, und welches die Zwecke sind, die in einem nach
ihr benannten Museum zu verwirklichen sein werden. Sie, als die
Wissenschaft vom Menschen, soll in Gestaltung dieser das geistige
Leben der Menschheit vorführen, jene Geisteswelt, die als Produkt
psychischer Schöpfungen über den irdischen schwebt, beschauen, aus
der Idealwelt gleichsam, die durch menschlichen Mikrokosmos, in auf-
leuchtenden Projectionen, an seinem socialen Horizont reflektirt ist,
auf's Neue die Strahlen wieder sammeln in einem concentrirten

---

*) Der Gedanke, wo möglich alle Sprachen aller Nationen auf einmal
zu umfassen, und daraus das zur Bereicherung der Völkergeschichte und
Menschenkenntniss brauchbare, mit kritischer Sorgfalt und philosophischer
Einsicht gesammelt und geordnet, in einem Werke, wie in einem Museo,
zum gemeinsamen Gebrauche aller Zeiten, öffentlich aufzustellen, war es werth,
den Geist der Regentin des Reiches, das selbst eine Welt von Völkern und
Sprachen in sich fasst, zu beschäftigen (Kraus).

Bild, sie wäre also, in solchem Sinne: „Bewusstwerden und Bewusstsein der Menschheit über sich selbst", als Zweck der Geschichte
(bei Droysen).

Hier wird nun allerdings gleich eine Pause zu machen sein,
da es, zum Vorbeugen von Missverständnissen, einer Einschaltung
bedarf, einer Einschaltung nämlich über das Verhältniss der Ethnologie (oder Anthropologie*) zur Geschichte.

Im Alterthum wurde unter Geschichte dasjenige verstanden,
was in dem damals übersehbaren Orbis terrarum geschehen war
mit Beziehung auf das eigene Volk. Dies allein hatte Interesse,
und die draussen stehende Barbarei nur insofern, als sie Sklaven
zu Knechtungen liefern mochte, sonst dagegen ebenso gleichgültig,
wie factisch schon unbekannt bleibend. Im Mittelalter schrumpfte der
Gesichtskreis noch enger zusammen und als mit dem Durchbruch
der Entdeckungen, die Ausblicke plötzlich nach allen Seiten in
scheinbaren Unendlichkeiten (ehe mit der Abrundung wieder zusammengefasst) hinauszuschweifen begannen, rief das massenhaft
Ueberwältigende des in stetig steigender Vermehrung unvermittelt
Einstürmenden, als Gesammt-Eindruck mehr eine halbkomische
Verwirrung über all das Barocke und Sonderbare, was dort vor
den Angen auftauchte, hervor, und an eine ernstliche Behandlung

---

*) Die Wissenschaft vom Menschen (als Anthropologie) ist (nach v. Baer):
„Der Gipfelpunkt oder Ausgangspunkt, je nachdem man seine Richtung nimmt,
sehr verschiedener Wissenschaften, der Zoologie, der vergleichenden Anatomie
und Physiologie, der Weltgeschichte, der Philologie, der Staatsverfassung
und der Rechtsphilosophie, sie enthält die Psychologie ganz, da wir von der
Seele der Thiere nur so viel wissen, als wir anthropomorphisch in sie hinein-
gedacht haben, und die ganze Philosophie ist ja nur ein Ausdruck der verschiedenen Weisen, wie der Mensch die Welt zu begreifen gestrebt". Die
Anthropologie oder „Rede vom Menschen" bildet einen Special-Theil der Physic
(auch der Philosophie), besonders in der Medicin behandelt, obwohl ausserdem „die Lehre von der moralischen Beschaffenheit des Menschen zugleich
mitabzuhandeln, ja auch die Vernunft-Lehre dahin zu ziehen wäre, weil
aber hieraus ein ungeheurer Körper erwachsen würde, so hat man die moralische
Betrachtung des Menschen in die Ethic und die Untersuchung des menschlichen Verstandes in die Logic lociret" (bei Zedlitz) 1732.

konnte ohnedem nicht gedacht werden, so lange noch nicht einmal die fremdartige Menschennatur selbst durch päpstliche Edicte festgestellt war. Beim Ausfall des Realen wurden, wie von Morus (in Nachahmung von Plato's Idealgebilden) Utopien geschaffen, die später von Rousseau tagesmodisch ausstaffirt, aber erst von Montesquieu mit dem Denkergewande bekleidet wurden. Dann enthüllten sich Herder's Genius jene Offenbarungen, die wegen extravaganter Abweichungen aus den bisher gewohnten Bahnen der Geschichte, als deren Philosophie bezeichnet wurden, sofern sie, aus ihren allgemeinen*) Zusammenfassungen, sich nicht dem Rahmen einer Universalgeschichte, wie von Schlözer aufgestellt, einpassen liessen.

Dennoch bewahrte diese Weltgeschichte eine für die Prätensioen ihres Namens überraschende Genügsamkeit, und als in den letzten Jahren jüngster Vergangenheit auch Inder, selbst wohl Chinesen, auf den Seiten ihrer Annalen zu figuriren begannen, wurden diese Ankömmlinge mit manch bedenklichem Kopfschütteln empfangen, und unbedenklich war die Sache jedenfalls nicht. Allerdings lag die bisherige Weltgeschichte der Satyre offen, wenn auf die quantitative Beschränkung ihres Gebietes hingewiesen, doch da im Reiche des Geistigen nicht Quantität, sondern Qualität gilt, so durfte sie sich immer als Ausdruck weltgeschichtlicher Entwicklung betrachten, weil die höchste Spitze derselben repräsentirend. Dieser hohe und geachtete Standpunkt war aber nur als wohlberechtigter Verdienstlohn treu andauernder Arbeit erlangt worden, der ganzen Arbeitskraft classischer Philologie in ihren sorgsam geordneten Corporationen altersgrauer Stammeslinie, der monumental emporwachsenden Arbeit der Germanisten, der auf wortgezählten und wortdurchstöberten Documenten ruhenden semitischer Orientalisten, der Aegyptologen, der Assyriologen, dann der Diplomatik und

---

*) L'Amérique et l'Asie ayant jeté sur la scène des sciences et du raisonnement une multitude de peuples et de langages, que la vieille école n'avait pas soupçonnés, les antiques erreurs furent ébranlés, les idées furent generalisées (s. Volney).

aller darin für mittelalterliche und spätere Quellenkunde herbei-
gezogenen Mithelfer. Unter solcher Combination, auf dem Funda-
mente tiefster Gelehrsamkeit aufgebaut, erhob sich jenes stattliche
Gebäude, worin die verehrte Wissenschaft der Geschichte thront.
Der ihr schuldigen Würde wegen schon haben Einlassfordernde
das Diplom ihrer Hoffähigkeit zu präsentiren, und die Thürhüter
würden schlecht ihre Pflicht erfüllen, wenn jeder aus der Wilderniss
herbeigelaufene Ankömmling sich unter die sorgsam und stattlich
geordnete Reihe der Geschichtsvölker zwischen hineindrängen könnte,
um altbegründete Rechte *) anzutasten oder schmälern zu wollen.
Als durch die Herolde der Sanscritologen der alte Sitz der Brah-
manen Zutritt verlangte, war derselbe von andern Wissenszweigen
aus bereits ein bekannter geworden, aber China liegt auch jetzt
noch ein Wenig fern und wird erst mit wachsender Zunahme
der Sinologen zum entsprechenden Empfange vorbereitet werden
können.

Da in den beiden letztgenannten Fällen einheimische Litera-
turen zugänglich sind, wird es einzig von Nebenbedingungen
abhängig bleiben, ob und wann dieselben, gleich der classischen,
eine (durch die mögliche Mitwirkung lebendiger Commentatoren
in einheimischen Gelehrten selbst erleichterte) Schulung erhalten,
die allen scholastischen Ansprüchen voll genügen würde, und bei
den mehr und mehr hervortretenden Wechselwirkungen, unter
welchen, schon aus dem classischen Alterthum, Indien und China
directe oder indirecte Einflüsse auf den aus Asien nach Europa
übergreifenden Culturstrom geäussert, würden auch unter dem histo-

---

*) L'Anthropologie aurait le droit de revendiquer, comme étant de son
domaine, un certain nombre de branche des connaissances humaines déjà fort
anciennement cultivées et connues sous des noms speciaux, und selbst wenn auf
beschränktere Umgrenzung zurückgeführt (als „Histoire des hommes considérés
au point de vue spécifique) l'Anthropologie n'en reste pas moins la plus-vaste
peut-être de toutes les sciences, elle est de plus la dernière venue *(Quatre-*
fages). The whole domain, from the origin of mankind to its ultimate
destiny and extinction as a species, is embraced, so far, as it can be understood, by Anthropology *(Bendyshe).*

rischen Gesichtspunkt der Rückbeziehung auf eigene Nationalität
jene Länder zur Aufnahme in den Geschichtskreis berufen sein.
Allerdings wäre nun auch damit immer noch keine Weltgeschichte erreicht. Man könnte vielleicht wohl noch all die
wilden und halbwilden Stämme, die sich vom Deccan bis Sibirien
durch Asien zerstreut finden, mittelst Anknüpfung (in einer oder
andrer Form) an zugehörig benachbarte Geschichtsvölker aus ihrer
geschichtslosen Form in ein, wenigstens halbgeschichtliches, Dasein
rufen, aber selbst dann hätte man im besten Falle immer doch
nur zwei Continente, Europa und Asien (wenn man hierzu, nach
der von griechischen Geographen ausgesprochenen Ansicht, den
aus Afrika benutzten Theil hinzurechnet).

Was also nun mit den andern drei Continenten? mit jenen
schriftlosen Völkern, deren vererbte Ueberlieferungen, wenn überhaupt vorhanden, kaum gesammelt sind und deren stabile Permanenz nur selten genugsam erschüttert ist, um für wandelbare
Entwickelungen flüssig zu werden, selbst nicht unter solch geschichtlichen Bewegungen, wie sie sich in Afrika (in Anknüpfung
an die Züge der Galla, Jaga, Fulah etc.) mehrfach verfolgen
lassen. In Amerika liegt, was einst geschichtlich gelebt hat,
unter soweit stummen Ruinen begraben, und obwohl archäologische
Reconstructionen komparativ genauerer Zuverlässigkeit aus den
Zeichenbüchern und Inschriften als denkbar zuzulassen, bleiben sie
doch, selbst mit der durch Landa's Auffindung in Yucatan hinzu-
getretenen Hülfe für die Katun vorläufig noch dahingestellt, ganz
abgesehen davon, dass, um auch die andere Bedingung der Geschichte, die eines thatsächlich verknüpfenden Bandes mit den
sonstigen Gliedern des Weltgeschichtlichen herzustellen, vorher
neue Quellen für das Studium karthaginischer Vorgeschichte, für
die, auch ihr vielleicht bereits vorgeschichtlichen, Verzweigungen
frühester Handelszüge, für die in halbverschwommenen Sagen auftauchenden Erinnerungen an untergegangene Atlantis, für elysäisch-
hesperische Mythen des Westens und anderes mehr zu eröffnen sein
würden. Bis derartigen Bedingungen Rechnung getragen, wird

Amerika mit Afrika und Polynesien im Vorhof des Geschichts-
tempels zu verweilen haben, und den Eingang in's Conclave ver-
schlossen finden.

Dies also, die Territorien dieser Ausgewiesenen, wären es, die
zunächst der Ethnologie zufallen würden. Eine dürftige Ab-
speisung allerdings für ein Studium, das seine Aspirationen bis
zu einer Philosophie der Geschichte zu erheben dachte, und das
nun, beim näheren Herantritt an sein Eigen, sich gerade die edelsten
und schönsten Blüthen dieser Geschichte entzogen sieht (selbst
wenn man, für die Museen wenigstens, Indien und China beliesse).

Freilich liegt keine Beraubung im Wegfall dessen, was man
nie besessen, und eher vielmehr würde Raubsucht erscheinen,
fremden Besitzes zu begehren, zumal die dort unter besonderer
Pflege desto umsichtiger gezeitigten Früchte bei friedlicher Ueber-
einkunft zu Gebote stehen. Ohnedem dürfte zu Annections-
Gelüsten*) kein Trieb gefühlt werden, da die drei Continente,
die der Ethnologie geblieben sind, noch weit mehr Beschäftigung
gewähren, als die geringe Zahl der Jünger, die sich bis jetzt im
Dienste ihres Studiums gemeldet haben, zu bewältigen im Stande
sein werden. Einige Grenz-Gebiete könnten zu reguliren sein,
hauptsächlich bei den Naturstämmen**) Asiens, sowie, nicht in

---

*) So gelangt Klemm in seiner „Fantasia über ein Museum für die
Culturgeschichte der Menschheit" zu einem solchen Umfang, dass der sechste
Raum „Griechen und Römer mit classischer Zeit", der siebente die „Urzustände
der germanischen und slavischen Vorzeit", der achte „das christliche Mittelalter", der neunte „bis zur neuesten Zeit" umfassen würde, und ausserdem wird
die ethnologische Abtheilung noch auf eine naturwissenschaftliche (orykto-
gnostische, botanische, zoologische) basirt, wie es sich in geographischen
Museen (nach ethno-anthropologischen Arealen) für manche Gesichtspunkte
lehrreich erweisen würde, aber mit dem, als für die jetzige Conjunctur
gültig anerkannten, Prinzip der Arbeitstheilung, in den inductiven Naturwissenschaften, in Conflict kommen müsste.

**) Das Angemessene in der Bezeichnung der sogen. Naturvölker ist
mehrfach in Frage gezogen, und schon Ferguson sagt: „If we are asked,
where the state of nature is to be found? we may answer: It is here! and it
matters not, whether we are understood to speak in the island of Great

alleiniger Beschränkung auf diese, betreffs Indien's und China's überhaupt, doch wäre hier im Ganzen für eine Abtrennung zu plädiren, und besonders in Rücksicht auf Ostasien (die Culturen China's und Japan's mit ihren Ausläufern) für selbstständige Constituirung (auch in den, mehr den Kunst- und Gewerbe-Museen anzunähernden, Sammlungen). Nach Ausschluss aller streitigen Punkte werden der Ethnologie zuzuerkennen sein: Oceanien ganz, Amerika aus seiner Vergangenheit, Afrika zum grössern Theil, Asien in zerstreuten Parthien und Europa unter halb oder vorgeschichtlichen Zügen.

Wenn es sich nun so verhält, wenn sich die Ethnologie durch einen Rechtsausspruch, an dem kaum zu mäkeln wäre, auf nichtige Culturlosigkeit hingewiesen sieht, wie dann, es sei nochmals gefragt, mit jenen Aspirationen, die sich bis zu einer Wissenschaft vom Menschen verstiegen? ja, wie mit den Aspirationen zu einer Wissenschaft überhaupt? wird ihnen von den auf dem Forum richtenden Togati Vollgültigkeit gewährt werden, wenn die Ethnologie vor ihren curulischen Sesseln in dem Putz des Wilden erscheint? Nun, da die Zoologen den Schreck ertragen, als ihnen der Homo sapiens in der Fratze des Gorilla entgegensprang, werden sich auch die Historiker*) wohl gewöhnen und die in-

---

Britain or the straits of Magellan (1767). So allerdings, wenn Natur, wie es sollte, im weitesten Sinne genommen. Insofern man sich indess auf den engeren beschränkt, zeigt sich neben dem Reiche der Cultur, worin ein scheinbar (oder relativ) freier Wille herrscht, die von der Natur fester gebannte Wildheit, aus der sich deshalb, beim Minimum individueller Schwankungen, die Museen mit typischen Schädelgruppen zu bereichern vermögen. Und auch das psychische Studium findet hier, gerade für erste Feststellung seiner noch schwankenden Prinzipien, ein gesicherteres Feld der Bearbeitung, denn „bei einer Bevölkerung geringer Evolution gruppiren sich die Handlungen näher um den ethischen Schwerpunkt" (s. A. Lange), während die darüber hinausschiessenden Excentritäten im Heroen-Cultus den Preisrichtern der Geschichte anheimfallen, ob mit dem Lorbeerkranz zu krönen, ob einem Urtheil der psychiatrischen Zunft zu unterbreiten.

*) Als die „erhabenste Idee" (des Historiker) erklärt Meiners die „Geschichte der Menschheit" und es wird eine Verbindung gleich der der

ductiven Vortheile, die sich für die Behandlung ihrer eignen Wissenschaft bieten, gerne zulassen, wenn nicht, mit (zoologischer, möchte man sagen) Verachtung jeder Logik, in überstürzenden Consequenz-Ziehungen, sondern wenn unter anthropologischer Vermittelung *) des naturwissenschaftlichen und culturgeschichtlichen Standpunktes angeboten. Wer geneigt ist, könnte ein *κληδόνισμα* heraushören, aus Leibnitz' Worten in der „Brevis designatio meditationum de Originibus Gentium ductis potissimum ex indiciis linguarum", die erste der Abhandlungen, welche von der „unter seinem Präsidium eingeweihten Berliner Akademie (damals noch Societät) der Wissenschaften veröffentlicht ward", als „eine Classification der Völker nach ihren Sprachen" (s. Benfey), — also das hervorragendste unserer gelehrten Institute bei der Stiftungsfeier eröffnet durch eine damals schon an das Ethnologische streifende Abhandlung (unter Ausschluss der *interiorum Africae et omnium Americae linguarum cognatio* vom Japetischen oder Celto-Scythischen und Aramäischen). „Sonderlich da die Schifffarten und Landreisen in die abgelegensten Oerter des Erdboden's hinzugekommen, sind die Grentzen Menschlicher Erkänntniss unglaublich ausgebreitet" (durch die Erfindungen), hebt auch Jablonski's Rede hervor (bei „Niedersetzung der Societät der Wissenschaften").

Die Aufgabe der Ethnologie wird eben darin liegen, auf dem ihr angewiesenen Forschungsgebiete die inductive Seite der Geschichtsbehandlung (in weitester Fassung der Menschheitsgeschichte) zu kräftigen und die Anbahnung der für ihre Ver-

-----

Encyclopädisten gewünscht, um das „heilige Buch" künftiger Generation zu Stande zu bringen (1800).

*) Die Anthropologie in dem Sinne, wie wir sie heute verstehen, ist daher allerdings eine neue Wissenschaft, neu freilich nicht durch ihren Gegenstand überhaupt, neu auch nicht durch ihre Methode, neu insbesondern nur durch eine ganz andere Fragestellung, als die bisher gewohnte, eine Fragestellung, die das Zusammenwirken sehr verschiedener Disciplinen zu einem gemeinsamen Zwecke nothwendig macht und diese daher zu einem neuen Wissensgebiet, eben dem der Anthropologie, vereinigt. (Ecker.)

folgung erheischten Wege zu erleichtern, denn indem das Studium der vergleichenden Psychologie mit den niedersten und einfachsten Formen der Völkergedanken anhebt, um hier, unter hellerer Durchsichtigkeit, die Elemente der Grundgesetze zu erkennen, wird dadurch (in den Vergleichungen*) sowohl, wie im genetischen Verfahren) ein Leitungsfaden gewährt sein, der auch unter den Labyrinth-Verwicklungen complicirter Culturschöpfung allmählige Aufklärungen herbeizuführen verspricht. Die Genesis ist zu erforschen. im genetischen Denken, (wie Schlegel statt der formellen Logik eine genetische verlangte), und so mag wenigstens das, auch bei den „Grenzen der Naturerkenntniss" zugelassene, Surrogat einer Erklärung erlangt werden.

Die Psychologie schlägt die Brücke von den Naturwissenschaften zur Philosophie; in individueller Physiologie wurzelnd. entfaltet sie sich in den Völkergedanken, oder (wie Ribot sagt) „la psychologie plonge ses racines dans les sciences de la vie et s'épanouit dans les sciences historiques". Wie an jedem Organismus wird der Weg der Induction seine gesicherten Anhaltspunkte auch an dem in der Weltanschauung emporwachsenden finden, und diese Auffassung war bereits für W. von Humboldt keine fremde: „Die Gesetze, nach welchen das geistige Leben im Einzelnen erwacht und zur Reife gedeiht, könnte man die Physiologie des Geistes nennen; ähnliche Gesetze muss es auch für eine ganze Nation geben; die Nation ist ein Wesen sowohl, wie der Einzelne." In der Gesellschaft erst gelangt die Eigenthümlichkeit des Menschen zur Erfüllung, und aus ihr blüht dann die psychische Schöpfung empor, durch kosmische Einflüsse aus tellurischen Keimen geweckt. Die Ethnologie bietet insofern gewissermaassen die inductiv-

*) Die Naturgeschichte nimmt die Menschheit in dem Zustande, in welchem sie dieselbe in der Gegenwart vorfindet, zum Object ihrer Untersuchungen. Sie findet dabei gleichzeitig eine Menge von Entwicklungsstufen gegeben, die sie mit einander vergleicht, und vor Allem kann sie über die dem Naturzustand näheren Stufen der Entwickelungsreihe einen sicheren Aufschluss bieten (Wundt).

realistische Form unserer Gegenwart für die früher sogenannte
Philosophie der Geschichte, um deren Prinzipien oder Anschauungen,
zunächst in Betrachtung der einfacheren und niederen Organismen *)
menschlicher Gesellschaft, zur Geltung zu bringen, und so mittelst
der dort festgestellten Gesetze eine Stufenleiter aufzubauen, die
mit gesichertem Schritt und Tritt zu den, bisher nur durch
idealistische Wolkenflüge **) anstrebbaren, Culturschöpfungen höherer
Grade emporzusteigen gestatten wird.

Das war bereits vorher besprochen, und hier also genug mit
der Andeutung, um so, nach dieser Einschaltung, auf die Museen
und ihre Bedeutung für die Ethnologie zurückzukommen.

---

*) Die Einheit des Lebens ergiebt sich aus der Tiefe und allseitigen
Abhängigkeit, die alle Verrichtungen unter einander verkettet, aus der innigen
und mit Nothwendigkeit zweckmässigen Zusammenwirkung der einzelnen
Theile, die fortwährend von Einem Punkte aus alle Körpertheile beeinflusst,
aus jenem durch Ebenmaass, durch Freiheit, durch unverbrüchliche und
innerste Nützlichkeit ausdrucksvollem Bande, das aus dem Namen „organisch"
das ideale Beiwort geschaffen hat, mit welchem wir Ordnung, Zusammenhang,
Harmonie, Freibeweglichkeit, kurzum Lebensfähigkeit einer jeden Schöpfung
des menschlichen Geistes beilegen, den Gesetzen, der Kunst und allen Zweigen
der Wissenschaft (Moleschott). Der Sociale Organismus ist ein realer gleich
den Einzeln-Organismen der Natur (v. Lilienfeld). Alles und jegliches Leben
ist Organismus (R. Schmidt).

**) Die Lösung des Räthsels der Welt hat aus dem Verständniss der
Welt selbst hervorzugehen (nach Schopenhauer), so „dass also die Aufgabe
der Metaphysik nicht ist, die Erfahrung, in der die Welt dasteht, zu über-
fliegen, sondern sie von Grund aus zu verstehen". Fries verlangt für die
Vernunftkritik eine psychologisch-anthropologische Grundlage, die „philosophische Anthropologie" habe „auf dem Standpunkte der empirischen Psychologie" zu beginnen, und Kant (wie er sagt) verstehe mit „seiner transscenden-
talen Erkenntniss eigentlich die psychologische oder besser anthropologische
Erkenntniss". Die Knoten der Kritik sind von der Anthropologie zu lösen
(E. Schmid). Seiner Natur nach lässt sich der Geist nicht an sich selbst,
sondern nur mittelst der hervorgebrachten Wirkungen wahrnehmen (nach
Berkeley), um so, mit (Schopenhauer's) Willen, die Welt der Vorstellungen
zu schaffen. Die Metaphysik der denkenden Natur ist die rationale Psychologie (bei Kant).

In diesen Museen soll sich das Geistesleben der Naturvölker in seinen Einkörperungen darstellen, und zwar dem allgemeinen Niveau des Durchschnittsmenschen nach.

In vielen Fällen bleibt das der einzige Weg, um überhaupt einen Einblick in das Geistesleben zu gewinnen. Bei einigen der Naturvölker finden sich (als schwacher Ersatz der mangelnden Literatur) mündlich überlieferte Traditionen, die gesammelt werden konnten, oder, wie leider vielfach zu corrigiren, hätten gesammelt werden können, aber, da damals nicht, jetzt niemals wieder zu sammeln sind. Bei andern besitzen wir Aufzeichnungen über die Physiologie ihres Denkorganismus, wie von Reisenden gemacht, bald längere, bald kürzere Zeit vor ihrem Untergange, aber oft bereits, im letzten Falle, durch leitende Fragen theilweis abgelenkt, und immer, mehr die Resultate individueller Beobachtung, als das aus dem (nationalen) Gesammt-Charakter gezogenen Facit ergebend. Hierauf aber grade kommt es an, auf das die Einzelnschwankungen rectificirende Totalbild, und so werden, zum Unterschiede von den Kunstmuseen (wo die idealen Schöpfungen des von den Musen begünstigten Genius prangen) die ethnologischen Sammlungen, selbst da, wo sie in das Terrain der Culturvölker überstreifen, den normalen Durchschnitt des Volkes zu repräsentiren haben, als Ausgangspunkt der Studien, durch ästhetische Ziele nach Oben, durch biologische nach Unten gerufen.

Von allen den im Augenblick des Contacte's mit der Civilisation vom Todeshauch getroffenen Naturstämmen werden die einzigen Zeugen ihrer Existenz auf der Erde, der Nachwelt nur in denjenigen Spuren erhalten sein, die in den ethnologischen Museen zurückgelassen bleiben. Wäre es noch Zeit, diese in einigermaassen systematischer Form zu retten, für die Erscheinungen des materiellen Lebens sowohl (in Geräthen, Werkzeugen, Waffen, Kleidungen u. s. w.), wie des seelischen (in dem Styl der Verzierungen und ornamentalen Schmuck's, religiöser Sinnbilder u. s. w.), wird sich das, gewöhnlich leider nur aur's Gerathewohl Zusammengeraffte, im Laufe der Studien zu

methodischer Anordnung bringen lassen, so mag mitunter eine
Reconstruction desjenigen Ideenkreises versucht werden, der der
jedesmaligen Weltanschauung zu Grunde lag.

Diese Verschiedenheiten der psychischen Schöpfungen, in
denen, als eigenartiger Ideenkreis, sich der Menschengeist in all
seinen Wandlungen auf der Erde, dem jedesmaligen Milieu ent-
sprechend, eingesponnen hatte, diese Verschiedenheiten in der
ganzen Fülle ihrer Mannigfaltigkeiten zu repräsentiren, dafür sind
die ethnologischen Museen bestimmt. Sie sollen diese Materialien
dem künftigen Studium aufbewahren, wenn einst die Vorarbeiten
hinlänglich gefördert sein werden, um an eine inductive Behandlung der Wissenschaft vom Menschen ernstlich denken zu
dürfen, soweit wenigstens von der bei statistischer Grundlegung
erforderlichen Vollständigkeit zulässig.

In dieser unabweisbaren Forderung möglichster Vollständigkeit
liegen Schwierigkeiten involvirt, wodurch die gesunde Entwickelung
der Ethnologie von Gefahren bedroht wird, die mit jedem Jahre
wachsen.

Die Existenz der Naturvölker ist nur eine ephemene für uns,
d. h. soweit sie unsere Kenntniss und unsere Beziehungen zu
ihnen betrifft, soweit sie also für uns überhaupt nur vorhanden
sind. Mit dem Augenblick, der sie uns kennen lehrt, weht der
Todesengel sie an. Von ihm geschlagen, tragen sie fortan
den Keim des Unterganges in sich. Es ist damit nicht zugleich
schon der physische Untergang gemeint. Das sog. Aussterben.
worüber viel hin- und hergeschrieben wurde, kann nicht im allgemeinen Gerede, sondern stets nur in dem jedesmaligen Falle
entschieden werden, ob negativ oder affirmativ (da, je nach wahl-
verwandten Affinitäten, Kreuzungen veredelnd oder zersetzend
wirken). Dagegen gilt dieser Untergang, ausnahmslos stets und
überall, im psychischen Sinne, als die nothwendig zwingende Folge
aus dem im Berührungsmoment mit der Civilisation ursächlich
gegebenen Anstoss. Dass dabei der Ausdruck in dem für den
behandelten Fall specifischen Bedeutung zu nehmen. bleibt selbst-

verständliche Voraussetzung, denn was Untergang sei, mag von einem andern Gesichtspunkte ein Aufgang (und Fortschreiten, jedenfalls eine Entwicklung) genannt werden. Ehe sichere Pfade zu bahnen, auf denen sich Allgemeinheiten in kurzen Sentenzen erledigen liessen, bleiben noch Berge von Einzelheiten abzutragen und zu analysiren, und so kann, bei der Vielfachheit dessen, was unter der Bezeichnung der Naturvölker vorläufig zusammengefasst ist, das Kriterium der Antwort zunächst immer nur im speciellen Falle liegen oder dort zu erproben sein. Manche der schwachen Naturvölker sinken beim unvermittelt plötzlichem Eingriff fremder Cultur widerstandslos zusammen, brechen sogleich in ihrer Totalität physisch und psychisch: sie sterben also aus, auch der körperlichen Existenz nach. Resistenzfähigere Rassen dagegen erweisen sich manchmal kräftig genug, den ersten Stoss zu überstehen, und wenn sie sich von der Erschütterung erholt haben, mögen wohlthätigste Wirkungen derselben sich zeigen, indem manche bisher schlummernde Strebungen in Fluss gekommen sind, und wenn es dann gelingt, die höheren Ideen, welche die Civilisation zuführt, im nationalen Bewusstsein zu assimiliren, würde, ethisch genommen, eine Veredelung zu constatiren sein. Für die Zwecke der Ethnologie dagegen liegt, hier auch, ein Verlust vor, der Fall eines Unterganges, oder eines psychischen Aussterbens, wenn man will. Unter den Schritten der Geschichte deren Gang gesetzlich unhemmbar, blüht aus der Vernichtung neues Leben, aber der Wissensdurst, der aus den Entfaltungen des Späteren Erquickung saugt, fühlt oft dadurch, drängender noch, das Sehnen erweckt, dass er auch an der dem Ursprung näheren Quelle des Früheren getrunken haben möchte.

Wie der Botaniker, der ein seltenes Pflänzchen in einer Sumpflache gefunden, wenn er diese bei der Rückkehr unter der Anlage zu einem Fruchtgarten verschwunden sieht, Enttäuschung fühlen wird und den Verschub rechtzeitigen Sammelns bedauern, so der Ethnologe, wenn er einen Naturstamm sich zu dem Rang eines Culturvolkes erheben sieht, ehe es noch möglich gewesen,

die genügenden Daten über jenen Larvenzustand, worin das frühere
Leben vegetirte, in genügender Vollständigkeit aufzunehmen, und
dieser Ausfall fühlt sich um so schwerer, da der entpuppte Schmetter-
ling selbst für das Studium desto lehrreichere Beiträge liefern
würde, wenn die Beobachtungen bis auf die Entwicklungsstadien
seiner Vor-Existenz zurückgehen könnten.

Davon nun eben, aus der Embryologie (so zu sagen) des
Volksgeistes, wird die Ethnologie befähigt sein, der Geschichte,
welche die Culturvölker immer erst als bereits fertig abgeschlossene
Organismen in die Hand erhält, wichtigste Beobachtungsreihen
für ihre Beurtheilungen zu liefern. Die disjecta membra der
Vorgeschichte, die mühsam aus zerstreuten Notizen in der Literatur
zusammengesucht werden müssen (oder bei glücklichem Zufall
fossil ausgegraben werden mögen), haben sich manchmal bereits
mit Fleisch und Blut bekleidet unter den Illustrationen, welche die
Ethnologie aus Vergleichungen mit noch lebenden Naturstämmen zu
liefern vermag, — solchen jedesmal, die gegenwärtig grade diejenige
Entwicklungsperiode durchlaufen, in welcher die Culturvölker auf
mehr oder weniger entfernten Vergangenheitsstufen einmal gestanden.
Bei Zutagetreten einer geologischen Schichtung lassen sich mit
Bequemlichkeit aller Art Untersuchungen anstellen, wie sie sich für
ihre Identificirungen da, wo sie tief unter andern begraben liegt,
als wünschenswerth erweisen mögen

In jeder ihrer anthropologischen Provinzen hat die Ethnologie
denjenigen Ideenkreis zu fixiren, der in der Epoche des Bekannt-
werdens den Horizont als Weltanschauung umzog. Dieser, das
Gesammtresultat der bisherigen Vergangenheit, mag ebenfalls bereits
mancherlei Wandlungen in der lokalen Geschichtsbewegung seiner
Umgebung erfahren haben, ergiebt sich indess, im Gesammt-
Ueberblick der Menschheitsgeschichte, als ein für relative Ein-
fügung neues Beobachtungsobject, dem im Laufe der Rechnungen
ein bestimmter Zahlenwerth einzufügen sein wird. Sobald dagegen
bei Einleitung des Verkehrs Gährungsstoffe aus unsern eigenen
Ideen auf den bis dahin (in Hinsicht darauf) jungfräulichen Boden

gefallen sind, sobald ein Ableger aus dem für uns eigenthümlichen Gedankenkreise dort gepflanzt wurde, dann ist damit ein fremdes Reis eingepfropft, und unter dem aufwuchernden Sprossen desselben pflegen gar bald schon allerlei schwankende Färbungen zu schillern, die ob als Verbesserung oder als Verbasterung, jedenfalls als täuschende Fälschungen anzusehen sind, insofern nämlich als es der Ethnologie darauf ankommt, grade in der hier als eigenthümlich waltenden Geistesverfassung einen charakteristischen Abdruck zu nehmen. Die Genuität desselben würde, nachdem der richtige Augenblick einmal verpasst, sogleich in Frage zu stellen sein, denn da dem, was aus der reinen Ursprünglichkeit bereits verwischt ist, noch andersartige Substitute untergeschoben sein werden, sähe man sich bei Folgerungen bedroht, nach beiden Seiten fehlzugreifen, ohne vorsichtigste Cautelen (und mit diesen vielleicht um so mehr, wenn allzu pedantisch).

So muss es, wie bereits oft gesagt, der Ethnologie als heiligste und dringendste Pflicht gelten, die psychischen Schöpfungen der Naturvölker, die, wenn einmal zu Grunde, für immer dahin gegangen (ohne jede Möglichkeit der Wiederkehr vertilgt und ausgelöscht) sein würden, als Materialien einer Geschichte der Menschheit*) zu bewahren, und bei der Katastrophe des durch

---

*) Eine Geschichte der Menschheit! — Ich staune vor dem erhabenen Sinn dieses Wortes, indem ich es niederschreibe. Welche unermessliche Aussichten eröffnet er dem menschlichen Geist, welche erhabenen Aufschlüsse lässt er die Seele ahnen! — Sie, in deren göttlichen Epos die Geschichte der tausendjährigen Reiche und über die ganze Erde verbreiteten Religionen nur sehr untergeordnete Episoden sein würden, — sie, die uns unser ganzes Geschlecht von dem Augenblicke an, da der erste Mensch, wenn es einen gab, mit Erstaunen gewahr ward, dass ihm sein Körper gehorchte, bis dahin, wo seine Nachkommen herrisch über alle Elemente schalten, als eine zusammenhängende Reihe von Umgestaltungen derselben Erscheinungen vorlegen würde, vor einem einzigen ihrer Sonnenblicke müsste der dichteste Nebel des Aberglaubens zerrinnen, das heiligste Vorurtheil, an dem zwanzig Generationen schufen und keuchend schleppten, würde sie durch die blosse Deutung seines Entstehens vernichten, sie würde die Räthsel der Vorsehung, der Freiheit,

Verkehrsrevolutionen*) eingeleiteten Kataklymos, der sich in dem, was wir die Welt der Naturvölker nennen, grade jetzt vollzieht, darf kein Augenblick länger versäumt werden, um aus dem bereits auf allen Ecken in hellen Flammen brennendem Gebäude den letzten Rest dessen, was sich retten lässt, in die ethnologischen Museen zu flüchten.

Und noch steht nicht Eins solcher Asyle fertig, so oft und so laut auch von allen Seiten in den letzten Jahren darnach gerufen ist.

---

des Staats entziffern, sie erhöbe den Menschen über alle Fesseln, die er selbst sich schuf, sie stellte ihn auf den Gipfel seiner Künste in jenem Verhältnisse her, welches das Vorrecht seiner Natur ist, als Herrn der Erde nicht nur, als freien Bürger des Universum. Welch ein Geist müsste es sein, der sie würdig zu schreiben vermöchte! Wird er gereift sein, wenn noch zehnmal die Cultur unsres Welttheils aufgeblüht und vergangen und auf ihren Trümmern eine höhere hervorgesprosst ist? (Merkel) 1800. L'Anthropologie est une science si vaste, que le vertige vient presque à la seule idée d'en embrasser l'ensemble d'un regard. Elle ne s'arrête pas en effet à l'histoire physique de l'homme, elle étudie son développement intellectuel et toutes les modifications qui en dérivent, moeurs, coutumes, beaux-arts, croyances, religions (Pouchet). Die Philosophie der Geschichte ist die einzige richtige Grundlage der allgemeinen Philosophie der Welt und des Lebens (C. Herrmann).

*) The extinction and fusion of races, rapidly going forward in the present day, are so far removing and obscuring the materials for research that delay is necessarily attended with loss, which is not to be repaired (1848). Und früher bereits (b. Prichard), How many problems of the most curious and interesting kind will have been left unsolved, if the various races of mankind become diminished in number, and when diversified tribes of America, Australia and many parts of Asia shall have ceased to exist. Dann: „The annihilation of the uncivilized races would be an incalculable and irretrievable loss to those, who cultivate the physical history of man, as well as to those, who value the traditions, which are still preserved amongst some uncivilized nations, and which are so highly interesting and important, as bringing strong collateral evidence to the truth of the early history of mankind." so 1817 und: „whole nations, since Dr. Hogdkin's Essay was written, have disappeared" (1842). Wie jetzt? (1880), wo ein Jahr mehr zerstören mag, als früher Jahrzehnte oder Jahrhunderte.

Dieser Vorwurf wird auf unsere*) Generation, die allein hier hätte helfen können, desto schwerer und schwerer gehäuft werden, je schwerer bald um unersetzliche Verluste sich das Gewicht der Trauer fühlbar machen muss! und desto drückender noch seine Last, wenn stürmischer die Wünsche aufsteigen nach dem, was dann für immer verloren ist.

Das ist deutlich genug in den Sternen zu lesen, schwieriger dagegen die Mittel zur Abhülfe.

Immerhin darf indess nicht übersehen werden, wie sehr die Zeitströmung auf einen Umschwung hinwirkt, wie gross bereits der Unterschied jetzt im Jahre 1880, wenn man mit dem Stand der Dinge vor nur 10 oder 15 Jahren Vergleichungen zieht. Am bedeutsamsten mitgewirkt haben hier die anthropologischen Gesellschaften, und auch ihr so überraschend gleichzeitiges Aufspringen auf allen Seiten, a u c h d i e s war von der Zeitströmung hergeführt, eine in der Entwicklung des Zeitgeistes zur Reife aufgesprosste Frucht. Als im Jahre 1870 die Berliner Gesellschaft gestiftet wurde, stand sie als Lokalverein allein in Deutschland und, neben der London's und Paris', allein in Europa. Jetzt arbeiten neben den Gesellschaften (zu Berlin, München, Kiel, Göttingen) 25 Zweigvereine oder Gruppen in Deutschland, und in Europa blühen die Gesellschaften in London und Paris, in Berlin und Wien, die schweizerische, italienische, spanische, schwedische, russische u. A. m. in Vermehrung ihrer Zahl durch amerikanische.

Von Organen sind (neben dem bereits erwähnten Berlin's) das der anthropologischen Gesellschaft in Wien zu nennen, die Schätze des heimischen Bodens, (zu deren Aufdeckung der Leiter, von Sacken, persönlich so durchgreifend beigetragen hat), zur Kenntniss bringend, dann, gleich in vorzüglicher Vollendung hervorgetreten, das von München unter der Redaction Prof. Ranke's, dem

---

*) Man kann weder den Alten noch den Gelehrten des XVI. und XVII. Jahrhunderts Vorwürfe darüber machen, dass sie ein solches Gebäude der Geschichte der Menschheit nicht aufgeführt haben. Beiden, besonders aber den Griechen und Römern, fehlten die Materialien zu solchem Werk (Meiners).

in seiner gleichzeitigen Stellung als Generalsekretär der Deutschen Gesellschaft, sowie als Herausgeber des Correspondenzblattes, die Anthropologie doppelte Verpflichtungen schuldet, und fleissig gearbeitet wird, wie im Süden unter Fraas, in Kiel (unter Professor Handelmann), von wo Fräulein Mestorf, die Vermittlung mit der altorganisirten Thätigkeit der skandinavischen Vereine erleichternd, vielfach das Correspondenzblatt bereichert.

Das Correspondenzblatt, anfangs durch Prof. Semper redigirt, bewahrt seine Verbindung mit dem anthropologischen Archiv, das bei dem denkwürdigen Zusammentritt*) in Frankfurt a. M. (1865) gegründet, als ältestes der anthropologischen Veröffentlichungen zugleich als Organ der Gesammtgesellschaft redet. Seine Bedeutung spricht sich aus in den Namen seiner Redacteure, Ecker für Craniologie und Lindenschmit für die Vaterlandskunde, der, unter seiner ordnenden Hand, im Central-Museum zu Mainz, ein nationaler Mittelpunkt geschaffen ist.

Auf frühere Zeiten zurückgehend, erinnert das Friderico-Francisceum an Schröter's Nachfolger, den ältesten, und von der Berliner Gesellschaft an die Spitze ihrer Ehrenmitglieder gestellten Vertreter der prähistorischen Studien auf deutschem Boden, und in den jüngeren bleibt nicht zu vergessen die Thätigkeit erfolgreicher Forscher, (wie Hostmann, Tischler, Baier, Klopffleisch, Cohausen, Müller, Bornemann, Anger, Feldmanowski, Bracht, Kuchenbach, Borries, Hettner, Pinder, Schwartz, Wagner, von Fritsch, Credner. Zittel, Hennings (für die Runen) und so vieler Anderer, nicht die

---

*) Die Namen dieser Stifter sind zwar, jeder für sich durch eigenes Verdienst kraftvoll genug, um dem Strom der Vergessenheit zu widerstehen, doch mögen sie auch in dort gebotener Vereinigung der Erinnerung bewahrt werden: *von Baer, Desor, Ecker, His, Lindenschmit, Lucae, Rütimeyer, Schaaffhausen, Vogt, Welcker.* Bei Gründung des Archivs (1866) „war die Stimmung, ·wenigstens der gelehrten Kreise im Ganzen, den neu aufstrebenden Wissenschaften gegenüber eine ziemlich kühle, fast ablehnende,“ doch nach vier Jahren bereits konnte der Herausgeber zufügen, dass „die Verhältnisse schon wesentlich andere, bessere geworden sind“.

Gunstbezeugungen wohlwollender Gönner und Pfleger, die sich ein dankbares Andenken gesichert haben.

Wie bereits als allgemeiner Grundzug der in Europa arbeitenden Gesellschaften bemerkt, waren auch in Berlin's Gesellschaft für Anthropologie, Ethnologie und Urgeschichte die Arbeiten vorzugsweise anthropologischer und urgeschichtlicher (oder prähistorischer) Art, obwohl die Ethnologie, die in vorliegender Schrift zunächst beschäftigt, gleichfalls Berücksichtigung erhielt, durch Reisende und auswärtige Correspondenten. In Bezug darauf sind an erster Stelle die Beiträge Jagor's zu erwähnen, der mit der Schärfe seines praktisch geübten Blickes auf verschiedenen Stellen des ethnologischen Forschungsgebietes, besonders in technologischen Fragen, Anregung zu neuen Aufklärungen gegeben hat. Zugleich lieferten ergiebigen Stoff zu Erörterungen seine mit richtigstem Verständniss der ethnologischen Bedürfnisse zusammengestellten Sammlungen, und nicht am wenigsten die craniologischen, in den Händen Prof. Virchow's. Was von ihm, der seit Gründung der Gesellschaft an ihrer Spitze gestanden, für dieselbe geschehen, davon lässt sich hier kein Abriss geben, da jeder Band der Jahrgänge auszuschreiben wäre. Ein von Dr. Voss beabsichtigtes Inhaltsverzeichniss wird dem Leser ermöglichen, seine grundlegenden Arbeiten über die Gesichtsurnen, Bronzewagen, Burgwälle u. s. w. zu verfolgen, die reiche Mannigfaltigkeit der durch allseitige Correspondenzen gewonnenen Notizen, die aus eigenen Reisebeobachtungen nach Finland, nach der Troas, nach Portugal u. s. w. geschöpften Belehrungen, die mit jedem Jahre gemehrte Zahl anthropologischer und prähistorischer Fragen, die zur Beantwortung gestellt wurden. Und dann jene weitreichenden Organisationen, in dem Impuls zur Anfertigung einer antiquarischen Karte Deutschland's, in dem zum normalen Schema in der Kraniometrie gegebenen u. A. m., sowie kraft der durch seinen Einfluss gewonnenen Unterstützung: die Ermöglichung einmal der statischen Schulerhebungen, und, in diesem Jahre, die einer prähistorischen Universalsammlung für den anthropologischen Congress. Doch würde eher eine Abschwächung darin liegen, hier, wo die anthropologische (also die vorerst eigentliche) Thätigkeit der Gesellschaft nur beiläufig berührt wird, von dem zu reden, was in der vollen Würdigung jener, damit und dadurch die ihres langjährigen Vorsitzenden aussprechen wird, der sie wie bei der Stiftung, so in dem jetzigen Fortblühen mit belebender Anregung durchdringt.

Als am Sitze einer Universität gelegen, gewinnt die Berliner Gesellschaft eine besondere Stärke in der Vereinigung aller jener Fachmänner höchster Autorität, wie sie für das Zusammenarbeiten an der Anthropologie und Ethnologie erforderlich sind. In der Mitgliederliste treten in stattlicher Versammlung bekannte Namensträger hervor, so der langjährige Secretär der Gesellschaft Robert Hartmann, Prosector der Anatomie, der auf gründlichster Kenntniss dieser auch seine anthropologischen Werke begründet hat, so E. von Martens, der als Curator des zoologischen Museums seine Reise-Ergebnisse verwerthen konnte, so Ascherson, der am königlichen Herbarium nicht nur die Ergebnisse aus den Reisen Schweinfurth's, sondern auch die seiner eignen bearbeitete, und mit ihm Liebe, Kny, Magnus, Wittmack u. s. w. Neben Beyrich, der wiederholt im Vorstand fungirte, zählt die Mineralogie Krug von Nidda, Hauchecorne, Kaiser, und die Linguistik ihrerseits wieder Schott, Steinthal, Wetzstein, dazu kommen Wattenbach, Meitzen, Weiss, Lange, und als geographischer und ethnologischer Annalist Koner, der alte Freund der Gesellschaft für Erdkunde. Aus dieser tritt Nachtigall hinzu, im Ruhmesglanz der Entdecker, und neben ihm Fritsch, den Anthropologen theuer und werth durch werthvolles Vermächtniss eines reisenden Gelehrten, dann Reiss, der mit Stübel gemeinsam die Mumien Peru's zu neuem Leben erweckte, und ausserdem Namen, wie Kersten, Hilgendorf, Güssfeldt, Falkenstein, Künne (dem seine Sammlungen eine Erinnerung bewahren) und anderer Reisende Manche, die dauernd oder vorübergehend erscheinend (aus früheren Jahren Neumayer und von Richthofen, als hervorragendster Koryphäen, nicht zu vergessen). Häufig noch werden den

Sitzungen durch den Director Friedel des Märkschen Museum's aus dessen Sammlungen neue Nachrichten gebracht oder solche gewährt durch Rosenberg's Sachkenntniss, in der Herstellung seiner grossen Privatsammlung gewonnen, während Dr. Voss die Vorlagen aus der Prähistorischen Sammlung des Königlichen Museum's vermittelt.

Da bei Vollendung des für die Ethnologischen Sammlungen bestimmten Neubaues in diesen die Sitzungen zu verlegen, bereits in Aussicht genommen ist, wird sich dann eine noch engere Verbindung der Gesellschaft mit dem Museum herstellen.

Zu den ethnologischen Sammlungen, in ihrer Verbindung mit den prähistorischen, werden dann die anthropologischen treten, um so diese Trias in eine Einheit zusammenzufassen.

Die anthropologischen Sammlungen haben, auf dem Wege der zoologischen, ihre Vervollständigung herzustellen, indem für ein Genus oder, wenn man will, eine Species (aber diese kosmopolitischen Charakters) der Gesammtsumme der Variationen, in Schädeln und Skeletttheilen, eine Vertretung zu schaffen ist.

Die prähistorischen*) sind gleich den archäologischen, auf ein Festhalten der neben den zufällig gebotenen, in systematischen Ausgrabungen erlangten Funde hingewiesen, und, als für sie

---

*) An Rhode's Antiquitäten-Cabinet schlossen sich die Sammlungen Mellen's, Massel's, Eltesten's u. A. m., bis auf die von Kruse und Büsching ernstlicher in Erwägung gebrachte Frage, die fürstlichen Museen in Schwerin und Braunfels entstanden, neben privater Thätigkeit besonders von Vereinen, und zwar in ihrer Zusammengehörigkeit, wie schon Lisch bemerkt: „Soll für die deutsche Alterthumskunde aus den Alterthümern ein wahrer Gewinn erwachsen, so hilft es nicht, die gefundenen einzelnen Stücke abgerissen und ohne Verbindung zu beschreiben, hilft es nicht einzelne Alterthümer blos als vorhanden der Welt vor Augen zu stellen, sondern es muss eine Gräberkunde gegeben werden" (1837). Die Schwierigkeit, „alles Getrennte wieder zu vereinigen", wurde auch bei der Herausgabe „der Bronzeschwerter des königlichen Museum" empfunden. Mit ihnen ungefähr gleichzeitig, lieferten Madsen's Afbildninger af Danske Oldsager og Mindesmaerker (Broncealderen II): „Samlede Fund" und auch in Montelius „Antiquités Suédoises" werden Uebersichten beigefügt, eine am Ende des Stein- und Bronze-Alters, die andere am Ende des Eisenalters.

specifisch, in Conservirung der jedesmalig topographischen Unter-
lage, um bei den noch mangelnden Daten der Chronologie, für
diese, wo möglich, auf jener dem allmähligen Fortgang der
Studien einen ersten Ansatzpunkt zu schaffen.

Auch für die ethnologischen sind, in enger umschriebenem
Kreise, die archäologischen ein Vorbild (und für die innerhalb der
Ethnologie archäologischen zugleich im obigen Sinne der prähistorischen), um aus den Kunsterzeugnissen den Charakter des Volkes
zu illustriren. Während dies nun aber in der Archäologie nur
nach dem Werthmesser einer historischen Hülfswissenschaft abzuschätzen ist, gewinnt es in der Ethnologie, soweit es sich bei
ihr um literaturlose Stämme handelt, die Bedeutung grundlegender
Hauptwissenschaft, ohne deren Boden die abzuleitenden Theorien
ihrer Mehrzahl nach in der Luft schwebend verbleiben würden.
Gerade bei der weiten Mächtigkeit der Idealwelt, die auf dieser
Grundlage emporzusteigen hat, wird, je realistisch fasslicher diese
materialisirt ist, desto leichter das richtig gesunde Gleichgewicht
zu erhalten sein. Mögen sie deshalb nur rasch *) beschafft werden,

---

*) Bei meinem letzten Aufenthalt in Sydney war im Anschluss an die
hohen Preise, die nach dortigen Mittheilungen, während der Ausstellung
für ethnologische Sammlungen verlangt wurden, das Folgende zu sagen:
„Es ist unausbleiblich, dass diese Preissteigerung in beständigem Wachsen
bleiben wird, da die Zahl der Museen und der Sammler mit der Entfaltung
der ethnologischen Wissenschaft ununterbrochen und tagtäglich zunimmt,
die Zahl echter und zuverlässiger Sammlungsgegenstände dagegen auf das
Reissendste sich mindert. Das liess sich seit mehreren Jahren deutlich genug
voraussehen, und habe ich damals bereits in wiederholten Berichten darauf
hingewiesen, dass es angezeigt sein würde, baldmöglichst einen grösseren
Fonds für ethnologische Ankäufe niederzusetzen, wenn es überhaupt in der
Absicht läge, eine ethnologische Sammlung, in der wissenschaftlichen An-
forderungen entsprechenden Vollständigkeit, zusammen zu bringen. In
Kurzem schon wird ein zu Spät alle ferneren Anstrengungen nutzlos machen.
denn wir finden uns gegenwärtig in dem letzten und zwar: in dem letzten
und in dem einzigen Augenblicke, in welchem Etwas geschehen kann. Wenn
jemals, dann jetzt oder nie! Was früher mit Hunderten zu erwerben gewesen wäre, kostet Tausende heutzutage, und wird gar bald selbst für

die zum Fundamentiren benöthigten Baustoffe, von allen Seiten
her und (noch einmal) rasch, ehe sie uns unter den Händen
entschwunden sein werden.

.. Augenblicklich, wie bereits angedeutet, stellt das stete (obwohl
dennoch bei den drohend gemehrten Unwetteranzeichen vernichtender
Stürme schreckbar langsame) Wachsen der Sammlungen innerhalb
der denselben im königlichen Museum angewiesenen Räumlichkeiten
jeder übersichtlichen Anordnung unüberwindliche Hindernisse in den
Weg, sowohl in der vaterländischen Abtheilung, für welche Dr. Voss
durchgreifend thätig gewesen ist, wie in der ethnologischen.

Die Vereinigung dieser beiden Abtheilungen, der prähistorischen
und ethnologischen, zu der dann, in Schädelsammlungen und Gyps-
abgüssen (sowie Kostümfiguren) noch eine anthropologische zu
treten hat, empfiehlt sich durch die gegenseitig gewährten Aufklärungen, und wird deshalb auch in Kopenhagen zum Theil
festgehalten. Neben diesem trefflich gepflegten Museum, und dem,
das in Stockholm fertig gestellt wird, finden sich ethnologische
Sammlungen schätzbarsten Werthes in Petersburg und Moskau

Hunderttausende nicht mehr zu haben sein, weil verschwunden, weil einfach
nicht mehr vorhanden und ausgewischt von der Erde, ohne jede Aussicht
einer Repetition. Es handelt sich hier um rein emphemere Erscheinungen,
gewissermaassen um Eintagsfliegen, die im Augenblick des Vorüberfliegens
zu haschen sind, oder sonst für immer dahingegangen. Wenn uns diese
Ergebnisse des Volksgeistes aus dem primitiven (und deshalb für die Induction
um so lehrreicheren) Stadium der Naturvölker sichtbar werden, finden sie
sich bereits im Contract mit der Civilisation, also im Moment der Zersetzung,
und nachdem ihre Manifestation einmal aufgetaucht, einmal aufgeblitzt und
erloschen ist, kann sie als einem dem Untergang geweihten Geschlecht an-
gehörig, nie in gleichem Charakter wiederkehren. Es ist dann auf's Neue
eine, schon als Verbindungsglied unerlässliche, Phase aus der Geschichte der
Menschheit unwiderbringlich verloren. Wie rasch dieser Zerstörungsprocess
vor sich geht, hat sich mir auch hier wieder auf das Klarste bewiesen.
Obwohl, wie bereits bemerkt, die Localitäten der Torres-Strasse im östlichen
Guinea erst seit wenigen Jahren ethnologisch deutlicher vor unsern Gesichtskreis getreten sind, beginnen sie bereits jetzt des originellen Stempels der
Ursprünglichkeit verlustig zu gehen, schon jetzt findet man . . . .

sowohl, wie in Madrid und Lissabon, dann in Florenz unter Mantegazza's (mit dem dem Studium leider zu früh entrissenen Finzi, Begründer des *Archivio per l'Anthropologia e la Etnologia*), in Rom unter Pigorini's (Herausgeber's des *Bulletino di Puletnologia*, mit Chierici und Strobel) Leitung, in Leiden, Rotterdam, Brüssel; und in England treten neben die ethnologischen Sammlungen London's im British Museum (nebst der damit verbundenen Christy Collection) und South-Kensington, andere in Salisbury (durch Blackmore's Liberalität begründet), Manchester, Edinburgh u. s. w., während in Deutschland das in Hamburg neuerdings auf staatlicher Stütze durch allseitiges Interesse geförderte Museum (neben dem als private Einzelschöpfung doppelt glänzenden Godeffroy's), ferner die in Bremen, Darmstadt, München, Nürnberg, dazu das auf Schreiber's anthropologische Sammlung begründete (und durch Fischer's verdienstvolle Monographien allbekannte) in Freiburg i. B. u. s. w. zu erwähnen sind, sowie (last not least) das seinen engen Räumlichkeiten längst entwachsene Museum Leipzig's, das die rasche Vermehrung (welche vollere Würdigung verdiente, als ihr von den Nächststehenden bisher geworden) der unermüdlichen Thätigkeit Dr. Obst's verdankt*) und einem richtigen Verständniss in Benutzung der durch die Weltausstellungen gebotenen Gelegenheiten. Wo die Missionsgesellschaften die ihnen gewährten Erleichterungen ethnologischen Zwecken dienstbar zu machen veranlasst waren, schliessen ihre Museen seltene Kostbarkeiten ein, wie in London, Basel, Utrecht u. s. w., und andern (z. B. der in Barmen) wird für werthvollste Beiträge Danksagung geschuldet.

Damit wäre vorläufig die Liste**) geschlossen von dem, was sich gegenwärtig als ethnologische Museen aufführen liesse, und

---

*) Als thätige Förderer sind hier besonders zu nennen: Prof. Bruhns, Prof. Leuckart, Dr. Andree, Prof. Delitsch, Buchhändler Oberländer, Prof. Ebers als Aegyptologe und (mit der practischen Erfahrung des Reisenden) Dr. Pechuel-Lösche (auch Generalconsul Spiess) u. A. m.

**) Eine Uebersicht wird gewährt werden bei Vollendung des seit der Zusammenkunft in Schwerin an Prof. Schaaffhausen zur Herausgabe über-

leider, wie hinzuzufügen ist, darf keines derselben auch nur entfernt nach den Ansprüchen gemessen werden, die an ein Museum zu stellen wären, das den Namen eines ethnologischen, im Sinne einer Fachwissenschaft, zu tragen, Berechtigung forderte. In den grösseren der eben genannten Institute ist der Nothstand auf das höchste gestiegen und durch das fortschreitende Missverhältniss zwischen den accumulirend zunehmenden Bedürfnissen der Ethnologie und den früher dafür bestimmten Localitäten der Beschluss einer Abhülfe erzwungen. In London soll diese geschafft werden durch Entfernung der naturwissenschaftlichen Sammlung aus dem British Museum, (um dort die zurückgebliebene Sammlung ethnologischer Art mit der gleichartigen der Christy Collection zu vereinigen), in Berlin durch Entfernung der ethnologischen Abtheilung aus den Kunstsammlugen des königlichen Museums, und Erbauung eines selbstständigen Museums, als ethnologischen. So ist wenigstens Hoffnung auf Verbesserung, und vielleicht tritt mit Erfüllung derselben gleichzeitig auf verschiedenen Punkten (auch in Amerika durch Verlegung der *Smithsonian Collection* in das *National Museum)* ein Umschlag ein, der plötzlich, wie mit einem Zauberstabe das Diorama einer Wissenswelt wird emporsteigen lassen. Den Rest der die wissenschaftliche Bedeutung der Anthropologie oder Ethnologie noch verdunkelnden Zweifel zerstreuend,*) wird die neue Beleuchtung an zwei Punkten vermuthlich zuerst hervorbrechen, in Wien und

tragenen Werkes: Die Anthropologischen Sammlungen Deutschlands. ein Verzeichniss des in Deutschland vorhandenen Materials (bis jetzt Freiberg in Ecker's, Göttingen in Spengel's und Königsberg in Kupfer's, Bessel-Hagen's. Tischler's und Bojock's Bearbeitung begreifend, neben der Bonn's durch Schaaffhausen. In dem, dem Ausstellungs-Katalog (1880) beigefügten „Verzeichniss der prähistorischen und ethnologischen Sammlungen" fallen die letzteren auf Berlin, München, Leipzig, Dresden, Göttingen. Hannover, Jena, Hamburg, Herrnhut (dann Bremen, Hildesheim, Stettin, Karlsruhe, Braunschweig, Barmen).

*) „Es ist ein Zeichen der Zeit, dass man bei der in diesem Jahre in Paris so glänzend veranstalteten Weltausstellung, welche die Arbeit des Menschen zur Anschauung bringt, nur eine Wissenschaft eingeladen hat, an

in Paris. An beiden Orten, durch von Hochstetter und durch Hamy, bereiten sich jetzt ethnologische Museen in grossartigem Maassstabe vor, und an beiden Orten werden, wie es scheint, die Todten vergangener Jahrhunderte aus ihren Gräbern erstehen, und der Ethnologie ihre abgestorbenen Völker zurückgeben.

In den Kellern der kaiserlichen Burg zu Wien hat man die Kisten geöffnet, die Deutschlands Kaiser als spanischer König aus Montezuma's Nachlass empfing mit den Zeugen einer jetzt vernichteten Cultur, und auf den Böden des Louvre sind die von den flüchtenden Jesuiten des vorigen Jahrhunderts zurückgelassenen Sammlungen aufgefunden, die jene Völker verwirklichen, welche, längst vertilgt, gegenwärtig nur noch im Namen für uns existirten. Dazu strömen jetzt nach Paris, als dem natürlichen Herzen des Volkes, aus allen Theilen der Erde, wo dessen Kinder thätig sind, ethnologische Sammlungen umfassendster und reichster Art, seit von den *Missions scientifiques* die Parole dafür ausgegeben ist.

Frankreich mag auch hier wieder den Ruhm davontragen, auf der von den Zeitideen angezeigten Bahn vorangeschritten zu sein. Jetzt, wo die volle Bedeutung derselben hervorzubrechen beginnt, wird man dort um so eifriger bestrebt sein, das bisher' Versäumte nachzuholen, und in einem andern Punkte war man dort auch jetzt bereits den Nachbarländern voraus, denn im Jardin des plantes stand „la chaire d'Anthropologie du Museum", den Quatrefages als den ältesten und, noch 1867, als den einzigen bezeichnen konnte. Die Eröffnung der Sammlungen im Trocadero hofft Hamy bis zum Frühjahr 1881 zu ermöglichen, die Eröffnung der im k. k. Hofmuseum Wiens durch v. Hochstetter vorbereiteten wird bald folgen, und möglicherweise dann auch in Berlin das ethnologische Museum, dessen 1878 festgesetzter Neubau sich leider bis 1880 verschoben hat.

---

diesem Schauspiel sich zu betheiligen, und diese ist die Anthropologie, welche neben dem Palais Trocadero ihre eigene Ausstellung besitzt," konnte Schaaffhausen schon 1878 sagen.

Mit entsprechender Gestaltung der Museen werden sich viele practische Zwecke realisiren, und gleichzeitig auch die Grundlagen für die Induction fernere Verstärkung gewinnen, was bei der Berührung der theoretischen Studien mit den Domainen der Philosophie, zunächst in der Psychologie, in jeder Weise förderlich sein wird. In der Psychologie! — denn in ihr liegt das Heil, in der Psychologie als Naturwissenschaft.

Was die Psychologie*) eigentlich sei, ist seit Kant's Zeit für die Philosophen eine etwas missliche Frage geworden, trotz der von Fries und Herbart, von Beneke und Fichte, von Schopenhauer, Ulrici, Fischer u. s. w. gegebenen Antworten (und anderer, die sie zwischen den Extremen eines Nichts oder Alles schwanken lassen), oder vielleicht eben wegen dieser (so dass Brentano an die Zukunft verweist).

Und in der That braucht es nicht zu verwundern, wenn die Weltweisen rathlos dastehen vor jenem Hexengebräu der $\pi\eta\gamma\dot{\eta}$ $\psi\upsilon\chi\tilde{\omega}\nu$, worin man Aristoteles' Seele als Entelecheia nebst seinem (wenn nicht Plato's $\tau\varrho\iota\tau\dot{\alpha}\ \gamma\acute{\epsilon}\nu\eta$) Vierfachen *(τὸ Θρεπτικόν, τὸ αἰσθη τικόν, τὸ ὀρεκτικὸν, τὸ κινητικὸν κατὰ τόπον)*, und dem $\nu o\tilde{\upsilon}\varsigma$ obendrein, oder formae separatae (der anima sensitiva, appetitiva, motiva neben rationalis oder intellectualis, im Scholasticismus) mit stoischem $\pi\nu\epsilon\tilde{\upsilon}\mu\alpha$ *(τὸ συμφυές)* an der Seite des $\dot{\alpha}\pi\acute{o}\pi\alpha\sigma\mu\alpha\ \tau o\tilde{\upsilon}$

---

*) Bei Goclenius in Marburg (Lehrer Casmann's) findet sich zuerst eine Nomenclatur als Psychologie. „Als mit Plato und Aristoteles die ersten Classificationen der Wissenschaften zu Tage traten, war die Behandlung der Seele eine hauptsächlich dem Physiker zugewiesene Arbeit, doch fiel sie dort, wo man eine Metaphysik annahm, in Etwas auch dem Metaphysiker zu. Später im Mittelalter schuf man mit einer gelehrteren Terminologie und mit complicirteren Unterabtheilungen das Wort „Pneumatologie" zur Bezeichnung der Lehre von den Geistern, Gott, Engel, Mensch, und selbst Thier. Zu Ende des XVI. Jahrhunderts tauchte das Wort, $\psi\upsilon\chi o\lambda o\gamma\acute{\iota}\alpha$, Psychologia in Deutschland auf, wo es seitdem nicht wieder ausser Gebrauch kam, doch bestand neben der Psychologie des Menschen immer noch die der Engel. In unserm Jahrhundert endlich ist die Psychologie, in Deutschland, wie in Frankreich, eine wesentlich menschliche" (s. Waddington).

$\vartheta\varepsilon o\tilde{v}$, mit Epikur's feuerwärmlichen Luftatomchen und noch allerlei anderen Sorten von Geschöpseln zusammengerührt hat, und doch nichts Besseres hat hervorhüpfen sehen, als daimones, „sympathische" und „antipathische" *Spiritus*, auch etwa, von den $\dot{\alpha}\varrho\chi\alpha\iota$ her, einen Archeus, oder alles das, was ein jüngster Köhlerglaube in den vom Schöpfer dieses Wortes gemalten, Gespenstern umherspuken sah.

Auch mit Fortentwicklung des innern Sinn's (bei Fortlage) scheint kein Fortkommen (selbst nicht zu einem $\psi v\chi\alpha\varrho\iota o\nu$ oder $\pi\nu\varepsilon v\mu\alpha\tau\iota o\nu$), und so wird kaum etwas übrig bleiben, als die „Psychologie ohne Seele", wie sie mit pyrrhonischer Ataraxie A. Lange empfiehlt. Damit wären wir denn am Ende*), und vielleicht besser so, wenn, wie der Alte vom Königsberge in's Ohr raunt: die Psychologie, in der Selbstbeobachtung, „leichtlich zu Schwärmerei und Wahnsinn hinführt".

Ohnedem steckt gerade hier am dicksten die Subjectivität, deren Einfluss die naturwissenschaftliche Methode zu eliminiren oder neutralisiren strebt, und es ist (bemerkt A. Lange) „die subjective Natur des einzelnen Menschen, welcher die Speculation ihre jedesmalige Gestaltung verdankt". Dass aber nach der „Methode der Naturwissenschaft" zu arbeiten, der Psychologie nur zu Gute kommen würde, giebt auch J. B. Meyer zu, und dann könnte sich die empirische Psychologie den von Kant verliehenen Titel einer

---

*) Setting aside some metaphysicians, die Menschen (erklärt Hume) „are nothing but a bundle or collection of different perceptions, that succeed each other with an inconceivable rapidity and are in a perpetual flux and movement (im Sinne der Khanda seelenloser Buddhisten). „Es muss die innere productive Kraft jene Nachbilder, die im Organe, in der Erinnerung, in der Einbildungskraft zurückgebliebenen Idale freiwillig, ohne Vorsatz und Wollen lebendig hervorthun, sie müssen sich entfalten, wachsen, sich ausdehnen, zusammenziehen, um aus flüchtigen Schemen wahrhaft gegenständliche Bilder zu werden", bemerkt Goethe von den Dichtern (deren Ersten Einer er selbst) und den Künstlern (mit Gültigkeit vielleicht, unter entsprechender Reduction, für uns gewöhnliche Menschen des Durchschnittsmaasses, als Maass aller Dinge, $\mu\eta\delta\grave{\varepsilon}\nu$ $\ddot{\alpha}\gamma\alpha\nu$).

„metaphysischen Erfahrungswissenschaft vom Menschen" zu ver-
dienen suchen.

Zunächst freilich wird sie diejenige Klippe zu umschiffen
haben, an welcher (und nicht· am wenigsten durch ihre Schuld
besonders, oder ihretwegen) die philosophischen Speculationen so
häufig scheitern, nämlich die aus unbekanntem Jenseits herein-
ragende Gefahr eines Deus sive Natura (wie bei Spinoza).

So lange es nicht zum unumstösslichen Axiom geworden,
dass es sich in immanenter Causalität vorläufig immer nur um
secundäre Ursachen (wie sie Gassendi schon separirt hielt) handeln
kann, um eine Relativität*) der Begriffe und ihrer Proportionen
zu einander, so lange bleibt alles Denken luftig und jedes Reden
Wind, in der wilden Jagd nach dem „zureichenden Grunde".

Dass unser Denken ein Rechnen ist, wissen wir seit Hobbes,
was aber kann bei Rechnungen herauskommen, in welchen überall
das Incommensurable einer Causa Prima versteckt liegt? und ohne
dass die Formeln auf Auflösung, oder Aufklärung dieser unbekannten
Grösse eben, hingerichtet sind.

Was also bleibt übrig? was könnte ferner geschehen? Jeder
Weg, der auf den Irrgängen des Denkens einzuschlagen möglich
war, um in das Räthsel des Lebens einzudringen, scheint gefolgt
zu sein, wenn wir die classischen Philosophien, die indischen und
chinesischen, neben unseren eigenen durchwandern.

Kein Versuch, der zu versuchen war, ist unversucht geblieben, und in seinem verzweifelnden Ringen um Klarheit hat
sich der Geist todesmuthig oftmals selbst den aus der Unterwelt
orakelnd aufqualmenden Höhlendünsten ausgesetzt oder durch
Sirenensänge verstricken lassen, die für Blut oder für Gold Houri-
Freuden in Paradieseshöhen verhiessen.

---

*) Man wird (bemerkt auch A. Lange) „mit dem Fortschritt der Wissen-
schaften immer sicherer in der Kenntniss der Beziehungen der Dinge und
immer unsicherer über das Subject dieser Beziehungen", indem für die
Naturwissenschaft ein sicherer Boden nur in den Relationen zu finden ist.

Jeder Versuch, wie gesagt, ist versucht, der zu versuchen war. Weitere Wiederholung wäre also unnütz, und, in Weiterfolge, weiteres Bemühen gleichfalls, wenn nicht etwa sich gegenwärtig ein Versuch bieten möchte, den es, früher anzustellen, eben noch nicht möglich gewesen. Und hier nun ergiebt sich, als das specifische Charakterbild unserer Gegenwart, die Naturwissenschaft.*) In ihr also ruht unsere Hoffnung, die letzte, so weit es sich überblicken lässt, und demnach die einzige für die Menschheit.

Dass, wenn die Naturwissenschaft mit der Geisteswissenschaft**), dem bis dahin (und oft selbst im feindlichen Gegensatz) abgegrenzten Reich der Philosophie, einen Contact herstellen will, dies nur durch die Psychologie geschehen kann, wird bereits durch deren in der Physiologie eingebetteten Wurzeln erzwungen.

Gerade jetzt fängt die Philosophie aber an, die Psychologie zu verleugnen, so dass sich die Brücke, nach dem ursprünglichen Plane, von den Sinneswahrnehmungen aus, wohl kaum wird schlagen lassen.

Ob dieser Plan der richtige war, bleibe dahin gestellt. Bei seinem Ausfall, welch' anderer möchte sich bieten?

---

*) Quoad, inquis, erit pretium operae? quo nullum majus est: nosse naturam (Seneca).

**) Wie es seit Clausius' Arbeiten erschien, dass der Gaszustand im Ausgangspunkt für Erklärung der Molecule auch einen flüssigen und festen Aggregatzustand zu bieten verspreche, das Unsichtbare für das Sichtbare, so mögen psychische Vorgänge erhellend auf die Materie zurückwirken, und Fechner wollte (nach dem Prinzip der zunehmenden Stabilität) vom Organischen zum Anorganischen gehen, statt den gewöhnlich in umgekehrter Richtung eingeschlagenen Weg zu verfolgen. „Die Materialität der Seele verneinen, ist ein Umweg, ein Zeitverlust, eine indirecte Methode, die nur ein unvollkommenes Resultat liefert, weil uns die Materie nicht bekannt ist. Ihre Spiritualität behaupten ist zugleich ein directeres, natürlicheres und einfacheres Verfahren, die unmittelbare Uebertragung des Bewusstseins" (Waddington). Die (lebendigen) Sonnenstäubchen sind Spähne des Aethers (s. Klausen), als Seelen (bei den Pythagoräern), εἶναι δὲ τὴν ψυχὴν ἀπόσπασμα αἰθέρος (Diog. Laert.).

Acceptiren wir zunächst aus den Händen des grossen Logiker ein Zoon politikon, das den vom Fürsten der Terminologisten unter die Primaten gestellten Homo Sapiens in dankenswerther Weise ergänzt.

Die Philosophie scheint hier etwas flüchtig gewesen zu sein, trotz ihrer schweren Folianten. Sie hat bereits früh den Menschen als Zoon politikon kennen gelernt, als Gesellschaftswesen,*) und doch hören wir von der Anatomie oder Physiologie dieses Gesellschaftswesen, als solchen, nur selten (jedenfalls viel weniger als von dem Einzelwesen) und vom Gesellschaftsgedanken fast nie. Uebrigens hat die Naturwissenschaft ebenfalls, seit ihres soweitigen Vordringens in die Biologie, diesem Punkte kaum genügende Beachtung geschenkt, auch vielleicht noch nicht schenken dürfen, da eine getrennte Behandlung der Sinneswahrnehmungen natürlich vorhergehen muss, ehe man sich an die Associations-Gesetze der Seh- und Hörbilder, sowie die Transformationen der letztern aus dem gesprochenen Laute, wagen kann. Dass immerhin hierdurch erst, den von dem Menschen als Gesellschaftswesen gestellten Ansprüchen psychologisch genügt werden kann, liegt auf der Hand. Der Einzelmensch ist ein Unding, im besten Falle ein Idiot, nur in der Gesellschaft kommt der Gedanke durch Sprachaustausch zum Bewusstsein, die Menschen-Natur zur Geltung. Als das Primaire ergiebt sich also der Gedanke der Gesellschaft, der Gesellschaftsgedanke, und erst aus ihm, durch spätere Analyse, wird der Gedanke des Einzelnen zu gewinnen sein.

Die Systeme der Philosophie beginnen ziemlich durchgängig mit dem letzteren, und haben deshalb Mühe, aus Fetzen, die ihnen (ohne selbst zu wissen, wie?) unter die Hände gekommen sind, ein Lappenflickwerk für den Gesellschaftsgedanken herzustellen, wogegen sich in dem unbeschädigt betrachteten Gewande dieses

---

*) Die Erhaltung des physischen Daseins ist nicht möglich ohne den Schutz des Rechts, nicht gesichert ohne das Vermögen, das Vermögen treibt zum Vertrage und zum Verkehr, alle zusammen postuliren die Gesellschaft, das Recht, den Staat *(Ihering)*.

6 *

jeder Einzel-Gedanke an seiner richtigen Stelle eingewoben finden würde, im prachtgestickten Peplos.

Wie werden wir also zu Werke zu gehen haben, um aus diesen Gesellschaftsgedanken genügendes Material für psychologische Untersuchungen zu gewinnen? Bisher lag die Schwierigkeit darin, dass die uns zugänglichen Gewänder derselben, so kostbare und umfangreiche Prachtpeplen darstellte, dass sie unter den Anstrengungen zur Bewältigung leicht in Stücke zerrissen, so dass der Durchblick zum richtigen Verständniss des Gesammtplans meist verloren ging.

Es waren dies die früher allein zur Beschäftigung anregenden Gedankengebäude oder Gedankenbäume der Culturvölker, und hier tritt nun zur Aushülfe die Etbnologie mit den Naturvölkern ein, also, wenn man will, mit kryptogamischen Gebilden, in welchen sich mit leichterer Ueberschau die Wachsthumsprocesse des Zellenlebens durchblicken lassen, um dann die daraus abgeleitete Gesetzlichkeit auch für die Complicationen der Phanerogamen zu verwerthen. Hier würden wir also eine wahre und ächte Psychologie besitzen, und zwar (wenn man in der Volksseele den von alters her verdächtigen Hokuspokus des Seelischen fürchtet), eine Psychologie der Völkergedanken. In dem (nach Reid) durch sich selbst definirten Denken wird dann das von Wolf (im Cartesianischen Sinne) construirte Bewusstsein aus dem individellen zum gesellschaftlichen erweitert.

Daran jedoch schliesst sich noch ausserdem eine Betrachtung an, die unser Lebensräthsel selbst berührt.

Für das Denken in Raum und Zeit kann, wie wiederholt werden mag, über die Relationen der Verhältnisswerthe im Geistesrechnen nicht hinausgegangen werden (auch in vierter Dimension wohl kaum). Das Absolute, als Grund der Welt, ist unnahbar. Wir haben also in dem Materiellen rings umher etwas Gewordenes vor uns, das, ob man es so oder Geschaffenes nennt, dadurch in keiner Weise verständlich klarer wird. Es fehlt jede Möglichkeit das Vorhandene über dies Vorhandensein hinaus mit ursächlichen Kräften zu verknüpfen, die für unser Verständniss eben nicht vorhanden sind. Darum, um mit der Materie*) fertig zu werden, all' jene titanischen Anläufe, wie sie in ägyptischer und indischer Gnosis so unbehülfliche Meditationsmassen zusammenwälzen, deren Atome**) der „elastische Stoss" noch nicht auf Kraftcentren zu reduciren vermochte, wenn nicht etwa schon als „Dynamidensysteme mit Elastizitätsaxen" geltend. Mit diesem Materiellen wird zunächst eben noch nicht fertig zu

---

*) Die Materie (das $\mu\grave{\eta}$ $\check{o}\nu$) bildet (bei Plotin) die Grundlage oder Tiefe eines Jeden ($\tau\grave{o}$ $\beta\acute{\iota}\vartheta o\varsigma$ $\acute{\epsilon}\varkappa\acute{\alpha}\sigma\tau o\upsilon$ $\acute{\eta}$ $\check{\upsilon}\lambda\eta$), als Dunkel (gegenüber dem $\lambda\acute{o}\gamma o\varsigma$, als Licht), und wie sich bei Sakamuni (einem Sakkas) die in Nirwana thätigen Kräfte in Verneinung hüllen, so im Gegensatz zum $\check{\epsilon}\nu$ als $\tau\grave{\alpha}\gamma\alpha\vartheta\grave{o}\nu$ (eine $\acute{\upsilon}\pi\epsilon\rho$$\alpha\gamma\alpha\vartheta\acute{o}\tau\eta\varsigma$ bei Scotus, wie $\acute{\upsilon}\pi\epsilon\rho o\acute{\upsilon}\sigma\iota o\varsigma$, als superessentialis der essentia „cui opponitur nihil") die (bei Jamblichus) unaussprechliche Urwesenheit ($\acute{\eta}$ $\pi\acute{\alpha}\nu\tau\eta$ $\acute{\alpha}\acute{\rho}\acute{\rho}\eta\tau o\varsigma$ $\acute{\alpha}\rho\chi\acute{\eta}$) als Plotin's Ueberseiendes ($\acute{\epsilon}\pi\acute{\epsilon}\varkappa\epsilon\iota\nu\alpha$ $\tau\tilde{\eta}\varsigma$ $o\acute{\upsilon}\sigma\acute{\iota}\alpha\varsigma$), weil die Vernunft Ueberragendes ($\acute{\upsilon}\pi\epsilon\rho\beta\epsilon\beta\eta\varkappa\grave{o}\varsigma$ $\tau\grave{\eta}\nu$ $\nu o\tilde{\upsilon}$ $\varphi\acute{\upsilon}\sigma\iota\nu$). So hätte bei den Pythagoräern das $\check{\epsilon}\nu$ (als erhaben über jeden Gegenstand) nur negative Bestimmungen zulassend, zu $\mathcal{A}\pi\acute{o}\lambda\lambda\omega\nu$, die Einheit als Negation der Vielheit, geführt (s. Ueberweg), und dann tritt aus dem Ruhezustand das Erzeugte als Ausstrahlung ($\pi\epsilon\rho\acute{\iota}\lambda\alpha\mu\psi\iota\varsigma$) in Bewegung, wie aus der Sonne (in populärer Abblassung) der Glanz ausströmt. Dass theurgische Praxis hier machtlos sei, bemerkt Porphyrius in seinem Brief an den ägyptischen Oberpriester Anebon, aber jetzt ist aus der Alchemie die Chemie herausgeboren. Ueber jede Bejahung und Verneinung erhaben, ist (b. Proclus) das Urwesen ($\acute{\alpha}\nu\alpha\iota\tau\acute{\iota}\omega\varsigma$ $\alpha\check{\iota}\tau\iota o\nu$) nur durch Analogien bestimmbar.

**) Während auf die $\check{\upsilon}\lambda\eta$, als $\tau\grave{o}$ $\acute{\upsilon}\pi o\varkappa\epsilon\acute{\iota}\mu\epsilon\nu o\nu$ (die Materie als Substanz) die Seele als $\epsilon\iota\delta\eta$ (in Form und Begriff) einwirkt wird, wenn die in Ausdehnung träge Materie (theilbar im Gegensatz zur untheilbaren Seele) ihren Elementen nach in Atome, als Monaden, zerfällt, in diese das Princip der Bewegung gelegt, und das könnte wieder zu der von Aristoteles der Ortsveränderung angewiesenen Stellung führen. Indem diese, die Schwerkraft überwindende, Kraftbewegung, wie in Kristallen erstarrend, im Organismus lebendig emporwachsender, mittelst specifisch vorbereiteter Organe aus Zersetzungen solarer Einströmungen (eines noch nicht zur Wärme gebundenen Lichtes) genährt wird, entwickelt sich die Thätigkeit des Denkens, beim Zutritt articulirter Lautbilder, im gesellschaftlichen Austausch, zum Bewusstsein geklärt (und, indem sich damit dem Tellurischen ein Keim des Kosmischen einfügt, tritt der secundäre Anfang vor einem relativ primären zurück).

werden sein (und je weiter sich der Zusammenhang in Sternensphären dehnt, mit zunehmender Entfernung von jeder Möglichkeit des Anthropomorphisirens, um so schwieriger). Wie aber mit der psychischen Welt? Nachdem es uns (im Laufe der Zeiten) gelungen sein sollte, die von den ethnologischen Horizonten (so vieler ihrer sich sich auf dem Globus umgrenzen) projecirten Denkbilder jedesmaliger Weltanschauung zu durchforschen,*) nachdem wir also die Gesammtheit der psychischen Welt, die innerhalb des Planetarischen über dem Irdischen schwebt, mit detaillirendem Blick umfassen sollten, würde dann hier der bei der materiellen Welt abgeschnittene ausführbar sein, nämlich der: aus dem Gewordenen zurück auf Schritt die Ursächlichkeit des Werdens oder (theologisch geredet) vom Geschöpf auf seinen Schöpfer (und in ihm liesse sich dann vielleicht, mit besserer Ausrüstung, durch Selbstbeobachtung einigen der Kraftwirkungen nachgehen). Allerdings wäre dieser Schöpfer, den wir gewissermassen in eigener Hand halten, nur ein secundärer, der gleich dem Gesammten übriger Welt in der Materie wieder unter die Frage (vorläufig) primärer Ursächlichkeit fiele, aber doch scheint hier ein Lichtschimmer hervorzublitzen, so hell und tröstend, wie aus keinem andern Winkel des vom menschlichen Standpunkte übersehbaren und, seit Abwendung vom heiteren Göttergetümmel, in stummer Oede starrenden All. Wir gewinnen dadurch nämlich wie sich sogleich erkennt, eine Analogie, zum ersten Male also die Möglichkeit, eine Vergleichung anzuknüpfen mit dem bisher völlig Unnahbaren, und deshalb, soweit, für uns einfach überhaupt nicht Vorhandenen. Jetzt wird, was früher stets in die Null zurückfiel, aus Eins zur Zwei, und damit ist der Ansatz zum Weiterrechnen gegeben. Ein Eureka, wenn er einst gefunden sein wird. Vorher freilich werden, um solches Proportionsverhältniss

---

*) In wachsender Kenntniss aufwachsend, erfüllt sich die Bestimmung des Menschen, (aus σῶμα, ὄρεξις, νοῦς), denn πάντες ἄνθρωποι τοῦ εἰδέναι ὀρέγονται φύσει (Aristoteles), und in Durchforschung aller Denkmöglichkeiten, soweit sie sich im tellurischen Horizont verwirklichen liessen, ergäbe sich ein psychischer Abschluss.

zwischen schöpferischen Kräften herzustellen, Rechnungsmethoden
eines höheren Calcül im Denken zu erfinden sein, denn sonst wäre
es von vorne herein hoffnungslos, complicirte Aufgaben vorzunehmen,
wie sie in unendlichen Reihen unbekannter Grössen hier vorliegen,
indem als Vorbedingung eine Gleichung zu suchen, die dem End-
produkte*) des Planeten Tellus seinen bestimmten Verhältnisswerth
innerhalb des unendlich zu setzenden Kosmos ertheilte, um dann
in den Fluxionen des Werdens das progressiv bei Jenem bekannte
auf das retrogressiv bei diesem Ableitbaren zu übertragen.

Der Mensch, als Mikrokosmos, ist der Mittelpunkt seiner
iedesmal ethnischen Welt (gesellschaftlicher Geistesschöpfung),
nicht (wie ihn in seinem beschränkten Horizont das Alterthum,
als „Maass aller Dinge" setzen konnte) eines die Natur im Grossen
und Ganzen umfassenden Makrokosmos. Wenn in der Einheit des
Denkens und Seins das absolute Denken mit dem absoluten Sein
zusammenfiel, mochte sich der Idealist befähigt meinen, selbst die
kosmischen Gesetze aus dem schwachen Menschenwurm zu reconstruiren, aber das Objective (im Sinne Kant's), „was nicht etwa
ein einzelner Mensch, vermöge zufälliger Stimmung oder fehlerhafter
Organisation, so oder so erkennt, sondern was die Menschheit im
Ganzen, vermöge ihrer Sinnlichkeit und ihres Verstandes, erkennen
muss" (s. A. Lange) berührt nicht das Ding an sich. Es ist seine
eigene Welt, die der Mensch im Auge trägt, ohne bei der auf
seinem Erdenwinkel mangelnden Ueberschau die Verhältnissgrösse
zur Gesammtwelt herausrechnen zu können. Was sich aber bereits
in Analogien setzen liesse, sind die Schöpfungsgesetze als solche.

---

*) Die gesammte Thätigkeit des irdischen Systems ist unter dem Schema
einer grossen Welle darstellbar, wozu die Thätigkeitsysteme der einzelnen
organischen Geschöpfe nur als kleine Oberwellen gehören, und die Thätigkeits-
systeme der einzelnen Weltkörper sind wieder nur Oberwellen des allgemeinen
Systems der gesammten Bewegungen der Natur; der Stufenbau, der sich in
uns hinein fortsetzt, setzt sich auch über uns fort *(Fechner)*. Krause fasst
den Menschen als Endpunkt irdischer Entwicklungsgeschichte, als Mittelpunkt
organisch lebender Periode, als Anfangspunkt einer Zukunft.

die hier in kleinen, wie dort im grossen Kreise wirken, und die in diesen kleinen grade auf subjective Gewissheiten des Bewusstseins, im cogito ergo sum, zurückführen möchten oder wenigstens sie in Behandlung zu nehmen versucht sind, um eine von Laplace angedeutete „Weltformel" zu erstreben. Und wenn dann in den Parallel-Reihen der Genesis Coincidenzpunkte zusammenfallen sollten, liesse sich an dem Faden des Werdenden schliesslich vielleicht auch Manches aus dem Gewordenen verstehen, und beim fortschreitenden Gange der Forschung mehr, mehr und mehr, im Progressus ad —.

Mit solchen Fernsichten sich aufzuhalten, wäre Thorheit, besonders in diesem Augenblick, wo sich jetzt eben gerade in buntester Mannigfaltigkeit rings um uns die Völkerwelten enthüllen, deren Erforschung der Ethnologie als ihr Pensum gestellt ist. Also vorerst dieser Pflicht genügt.

Die Ethnologie würde zunächst mit Hülfe der Anthropologie in der äusseren Erscheinung die Verschiedenheiten zu erforschen haben, die schon früh, wie 1591 bei Bruno im Anschluss an rabbinische Theorien (sonst auch mit linguistischen Ausdeutungen der mosaischen Völkertafel), Anlass zu Rassentrennungen gaben, und hätte dann den Blick auf die Idealwelten zu richten, die den Horizont solch anthropologischer Kreise umwandeln, als die im Reflex des (localen) Makrokosmos projicirten Geistesschöpfungen des Mikrokosmos, die nach Aussen geworfenen Verkörperungen „innerer Wahrnehmung". In diesen, als Erzeugnisse *) organisch abgeschlossener Kraftthätigkeit lebendig hervortretenden, Schöpfungen waltet damit ein organisches Leben, und somit das Gepräge eines Organismus tragend, sind sie auf dessen Gesetze hin zu studiren.

---

*) Auch die mythologischen mögen an sich als in ihrer Art physiologisch gesunde betrachtet werden, obwohl selbst in ihrer Auffassung, als „Krankheiten der Sprache", und somit pathologischen Abirrungen, dem Studium gesetzlich organischer Entwicklung dieselbe Möglichkeit bleibt.

Obwohl die Materie aller Erscheinung nur a posteriori gegeben, liegt (wie Kant es ausdrückt) ihre Form in der Seele a priori bereit, aber dies würde, in naturwissenschaftlicher Auffassung, nur potentialiter zu gelten haben, wie die Pflanze ihrer Anlage nach (für die Morphologie) im Samen prädestinirt oder anticipirt. Statt also in subjectiver Färbung die Errungenschaften des Denkens als Wiedererweckungen (im platonischen Sinne), als angeborene Erinnerungen (aus den Seelenvermögen) zu bezeichnen, würden sie sich als die aus unbewusst sprudelnden Wachsthumsprocessen gezeitigten Früchte ergeben, die, wenn in der Fülle prangender Reife hervorbrechend, wenn den in Selbstbeschauung staunenden Geist überraschend, von ihm dankbar als Schenkungen höherer Wesenheit entgegengenommen werden mögen.

Fest geregelt in jedem Organismus sind die denselben beherrschenden Gesetze, fest geregelt auch die der ethnischen Weltanschauungen, in denen wir in den fünf Continenten überall, mit unabänderlich eiserner Nothwendigkeit (gleiche Bedingungen gegeben) auch den gleichen Menschengedanken hervorspringen sehen, als gleichen und denselben, oder, sofern unter den Färbungen localer Modificationen variirend, als ähnlichen. Wie die Processe des Zelllebens nach gleichen Grundgesetzen geordnet sind, in der Palme der Tropen oder in arctischer Tanne, wie dieselbe Pflanze, je nach dem Standort, ausgebreitete oder eingewickelte Blätter, oder ihre Verkümmerung zu Nadeln zeigen mag, wie der Löwe in seinen asiatischen, afrikanischen und amerikanischen Variationen erscheint, so spiegelt der vom indischen Volksgeist getragene Götterhimmel eine andere Natur, als griechischer oder scandinavischer. In all' solch religiösen Schöpfungen aber (wie ebenso in socialen und ästhetischen) gelangen wir auf primitive Elementargedanken, die unabweislich als solche wiederkehren, die mit oft wahrhaft erschreckender Identität, als gespenstisch maskirte Doppelgänger weit entfernter Bekannter, denselben Entwicklungsgang (bestehenden Verhältnissen Rechnung getragen) durchlaufen. Das organische Band ist hier so eng geschnürt, dass mit eines

Cuvier's scharfem Auge für Fossilien sich auch hier manchmal aus abgerissenen Bruchstücken zufälliger Notizen der gesammte Ideenkreis in seinem Zusammenhang würde reconstruiren lassen, dessen Richtigkeit unter der Controlle später ausgiebiger fliessender Nachrichten zu prüfen, sich mitunter bereits Versuche zu bieten schienen.

Die erste Aufgabe der Ethnologie wird nun darin liegen, die elementaren Grundgesetze dieser Wachsthumsprocesse festzustellen, um dadurch diejenigen Dienste, welche die Zelltheorie der Pflanzenphysiologie gewährt hat, für die Völkergedanken zu gewinnen, für die nationalen Gedankenbäume (so zu sagen), zu welchen sie emporgewachsen. Auch die mächtigsten derselben freilich erreichen nicht die Prätensionen von Avicembron's (Jbn Gebirol's) Riesenbaum, der (bei Duns Scotus) aus der Materie aufwachsend, die Seelen als Blüthen und die Engel als Früchte trägt.

Das zweite wäre dann das Studium der localen Einflüsse aus dem *Milieu* oder der *Monde ambiante*, dem Buckle bei seiner Geschichtsbetrachtung einen überwiegenden Platz eingeräumt hat. Dies führt, wie in vergleichender Zoologie und in vergleichender Botanik, auf die geographischen Provinzen, und ausserdem, wie in vergleichender Anatomie, auf die naturgemässen Correlationen der Organe, auf das Hervorziehen der Identitäten, wenn unter täuschenden Verkleidungen versteckt, oder ihr Herausrechnen auf gleichgradige Proportionswerthe, wenn in dem Auf und Nieder der Entwicklungsstufen verschoben.

Als drittes ergiebt sich die Untersuchung solcher Vorgänge, die im Pflanzenreich mit den Operationen des Pfropfens in Comparation zu stellen wären, oder mit den künstlichen Metamorphosen der Pflanzen für Luxuszwecke der Schmuckgärten, und zwar handelt es sich hier vorwiegend um angehende Culturvölker, ehe sie die Schwelle der Geschichtsbühne erreicht haben. Alle die durch friedlichen oder feindlichen Verkehr in geschichtlicher*) Bewegung

---

*) No sound system of ethnology can be reared on any other foundation, than that of history as the interpreter of the facts of philology, and of the

angeregten Wandlungen fallen unter dieses Capitel, also alle diejenigen Uebertragungen, die man früherhin bei gleichartig ange-
troffenen Ideen sogleich zu proclamiren geneigt war, und sogleich
gewöhnlich auch durch Umschmieden historischer Hypothesen zu
stützen strebte. Nach den psychologischen Axiomen der Ethnologie dagegen wird man (in Uebereinstimmung mit der, linguistisch,
für sprachvergleichende Etymologien verwandten Methoden) bei an-
getroffener Gleichartigkeit, zunächst die durchweg allgemeinen
Elementargesetze im Auge halten, und erst nach Eliminiren aller
Möglichkeiten, in diesen den Erklärungsgrund zu finden, auf
geschichtliche Beziehungen, soweit sie sich rechtfertigen lassen,
zurückgreifen. In diesem Punkt wird das tagtäglich anschwellende
Beweismaterial ethnologischer Parallelen gar bald schon den Ver-
stocktesten auch durchweicht und remodellirt haben, denn da solche
Erkenntniss (oder Lehren) der Parallelen nun einmal zu den
aprioristisch bereits gewissen gehört (und vor Eudid bereits gehört
hat), kann sie Niemand nicht sehen, ausgenommen die Stock-
blinden, bis ihnen der Staar gestochen.

Nach diesen drei Gesichtspunkten wird die Ethnologie ihre
Untersuchungen zu reguliren haben, nachdem die Arbeiten erst im
Ernste begonnen sind. Um überhaupt aber Arbeit beginnen zu können,
bleibt das alte Lied eines *Ceterum censeo* zu wiederholen, das der
Materialbeschaffung, und zwar eiligst, reichlichst, von allen
Seiten, ohne Säumen in dieser letzten Stunde der Arbeitszeit, ehe
die dunkelnd heranziehende Nacht den letzten Rest des ethnologischen
Areals in schwarzes Nichts ausgestrichen hat, das dann dem
künftigen Studium für immer als unausfüllbare Lücke klaffen bleibt.
Auch das muss für jeden, der für eine Umschau vom ethnologischen
Standpunkt Veranlassung hat, klar sein, wie das Tageslicht (der
Stockblinde hier ebenfalls in etwaigen Vorwurf nicht eingeschlossen).

---

modifications of physical form induced by the blending of races (Anderson).
Wie weit dann die Wahlverwandtschaft in gesetzlichem Zusammentreffen
Veredlung oder heterogene Mischungen Verfall einleiten, wird es sich durch
reichste Aufschlusse der Anthropologie belohnen, im Einzelnen durchzuforschen.

Einigermaassen zu helfen ist nur auf zwei Wegen, durch be-
schleunigte Vollendung der Museen und durch systematische Aussendung wissenschaftlicher*) Reisender. Helfe also, wer helfen
kann, und gewiss wird Jeder gern helfen, dem die hohen Interessen,
welche bei der ferneren Entwicklung unsrer Menschheitsgeschichte
hier auf dem Spiel stehen, voll zum Bewusstsein gelangen.
Solche Hülfe kann in verschiedener Weise gewährt werden,
nicht nur durch die auf ethnologischen Sammelfeldern selbst
Lebenden, oder ihre die Vermittlung mit den Museen einleitenden
Freunde, sondern auch dadurch, dass wer Gelegenheit findet, dahin
wirke, damit in Privathänden oder in Instituten, wo sie nicht hin-
gehören, zerstreute Objecte ethnologischer Forschung in den für
diese bestimmten Museen deponirt werden. Wie in Folge der langen
Vernachlässigung und des allzu spät erwachten Bewusstwerdens
der gestellten Pflichtaufgabe, die Sache gegenwärtig in der Ethnologie
factisch liegt, repräsentirt jedes ächte, und für ihre Untersuchungen
verwerthbare, Beweisstück eine Art Heiligthum, dessen Werth von
Jahrzehnt zu Jahrzehnt steigen muss, bis zur Unschätzbarkeit kost-
barster Reliquien, als letzte und einzige Zeugnissreste aller der
Menschen und Völkerstämme, die dann längst von der Erde verschwunden sein werden, und ohne sie, auch ohne Andenken: also
von der Nacht todter Vergessenheit begraben wären. Als
ephemere Gebilde, als für den Augenblick lebend und sterbend,
lassen die Naturvölker keine Spuren auf ihrer flüchtigen Erdenbahn
zurück, es fehlt hier also die Hoffnung, die bei dem Untergang
eines Culturvolks gehegt werden kann, später vielleicht einmal in
Ausgrabungen auf das zu stossen, worin sie sich monumental

*) „Wir besitzen über die Sandwich-Inseln nur noch die Berichte flüch-
tiger Reisender, welche uns in ihrer Treue nur Bilder vorführen, wo wir
gründliche Erkenntniss erwarteten und zu begehren immer mehr geneigt
werden", bemerkt Chamisso in dem (leider nicht zur Ausführung gekommenen)
Gedanken solchem Mangel abzuhelfen, „denn es ist jetzt an der Zeit. dieses
Werk zu unternehmen und was die O-Waihier noch von sich selber wissen,
der Schrift anzuvertrauen" (1801).

und dauernd verewigten. Diese besitzen desshalb auch eine weit hervorragende Bedeutung für die Illustration der höheren Geistesorganisation, aber für das erste Keimen derselben die Schöpfungen der Naturvölker kaum mindere, und in genetischer Hinsicht, weil dem Ursprung näher stehend, oft selbst in ihrer Art eine fast wichtigere. Was nun, wie bereits gesagt, von den Naturvölkern für ein künftiges Studium, als Vermächtniss unsrer Vorarbeit an einem Bau kommender Generationen, — was davon gesammelt werden soll, muss im Moment des Contactes ergriffen werden, heute, in dieser Stunde, denn morgen vielleicht schon ist es zu spät, da eben jener erste Griff bereits die Ursprünglichkeit der Organisation mit tödtlichem Schlage getroffen haben mag. Was also, als ächte und treue Zeugen dieser Ursprünglichkeit, glücklich aufgegriffen sein mag, das ist als werthvollstes Kleinod zu hüten, als ein Schatz für unsre Nachkommen, die ihrerselbst nicht mehr im Stande sein werden, ihn zu erwerben. Es könnte demnach, im Lichte des Studiums, eine Art Verbrechen oder Vergehen gegen dasselbe, eine Beeinträchtigung am Wissenscapitel der Menschheit erscheinen, solche, vielleicht einzige Documente ganzer Völkergeschichten, als amüsante Spieldinge auf Nipptische zu stellen oder in grotesken Trophäen zur Wandstaffirung aufzuhängen. Ist eine solche Urkunde dem drohenden Untergang entrissen, hat sie glücklich auch die Gefahren der Seereise überstanden, so sollte sie, mit Erreichen des Hafens, sogleich auf dem Altar der Wissenschaft niedergelegt werden, ohne sie weiteren Wechselfällen auszusetzen, die nicht nur unter dem Aufbewahren in feuergefährlichen*) Gebäuden bevorstehen, sondern auch dadurch, dass die als Curiositäten mitgebrachten Geschenke beim Wechsel der Eigenthümer die Traditionen ihrer Herkunft verlieren und dadurch für wissen-

---

*) An diese erste Bedingung der Sicherheit durch den Schlossbrand (1701) erinnert, bestimmte der kurfürstliche König das Zwingergebäude als Hort seiner Kunstsammlungen, denen die Beute des Türkenkrieges auch ethnographische eingefügt hatte, und hieran ein warnendes Beispiel zu nehmen, dürfte den hie und da noch in schuppenartigem Fachwerk aufgespeicherten

schaftliche Behandlung nutzlos werden mögen. Man sammle Steine, Pflanzen und Reise-Angedenken, von denen genug vorhanden, denn an Privatsammlungen gerade bekundet sich der Bildungsgrad der Gesellschaft, man sammle Gemälde und Alles, was in den schönen Künsten diesen und ihren Jüngern zu Gute kommen wird, man sammle auch Alterthümer, um sie in ihren Doubletten überall hin zu verstreuen, überall in Localcentren zu cultiviren und so überall auch dem ästhetischen Sinne veredelnde Nahrung zu spenden, man sammle was immer gut scheint zum Privatgenuss, man sammle vor Allem, während der nur noch kurzen Erntezeit, eifrigst Ethnologica, aber diese letzteren gehören dann den Museen, und obwohl solche keine Expropriationsgesetze geltend machen können, wird man in späteren Jahrhunderten sicherlich beklagen, dass sie derartiges Recht zum Besten eines wissenschaftlichen Allgemeingutes nicht besessen. Das Erste sollte sein, Alles, was sich in zufällig gegebenem Besitz umhertreibt, um es vor fernerer Zerstörung zu schützen, den Museen zur Aufbewahrung anzuvertrauen. Manch' Werthvolles könnte so gerettet werden, besonders in Unica aus alter Zeit, die als Repräsentanten längst erloschener Vergangenheit, nachdem die Schöpfungsperiode, welche sie hervorrief, abgelaufen, nie auf der Erde wieder erscheinen werden, so lange sie sich noch drehen mag. Dass bei der Weitschichtigkeit dessen, was unter ethnologischen Sammlungen begriffen wird, auch bei ihnen vieles in Doubletten oder Tripletten sich wiederholt, besonders bei alten Museen, die sich durch weitere Multiplicationen unnöthig überbürden würden, ist jedem Sachverständigen aus der Sache verständlich; und meist sind gerade dies die, weil auffälligsten, für den Laien anziehendsten Sammlungsobjecte, weshalb sie eben auch am häufigsten heim-

---

Sammlungen zu empfehlen sein. Nach dem Brande in Neuschöneberg (1822) „war, nach dem Leben der Meinigen, die tagalische Bibliothek das Erste, was ich zu retten bemüht war, und ich sorgte sogleich, sie mit der Königlichen Berliner Bibliothek zu vereinigen" (Chamisso). Durch solche Vorsicht hätte auch manch ethnologischer Schatz, der jetzt verloren ist, den Museen erhalten bleiben können.

gebracht sind. Die Benutzung solcher zu Privatsammlungen, oder sonst beliebigem Gebrauch, wird kein habgieriger Museumfreund bemängeln. Oft indess kommt es vor, dass unter solch pompösen Schaustücken versteckt, sich unscheinbar kleine Dingelchen finden, die, man weiss nicht wie, dahingerathen, und ohne jede Gewähr-leistung ihrer precären Existenz, ein Spielball dem Zufall preis-gegeben sind. Sie gegen die Unbilden ungewisser Zukunft zu schützen, dafür haben die Museen Pflegebetten bereit, denn gerade in solch' verachtetem und bespötteltem Aschenbrödel schlummern vielleicht sinnigste Räthsel, die sich unter der Wissenschaft sorg-samer Hand enthüllen werden zur Bereicherung dieser und zu Ehren des Wohlthäters, der sie übergab, und der dadurch, wie es jedem von uns nach Maass der Kräfte zusteht, sein Scherflein zu dem „Bau der Ewigkeiten" beigetragen. „Mit den eigenen Angehörigen, mit dem Volke, zu dem wir zählen, zuletzt mit dem grossen Ganzen des menschlichen Geschlechts fühlen wir uns so verbunden, dass die Güter, die ihrer Zukunft zufallen, auch dem nicht verloren sind, der sie gewinnen half, ohne sie zu ge-niessen *(Lotze)*. So wird es keine Schwierigkeiten haben, dass ein Modus vivendi friedlichen Abkommens mit den Privatsamm-lern getroffen wird, sobald es nur zugestanden ist, dass die Museen, nicht sowohl in ihrem eignen Interesse, als in dem kommender Geschlechter, ein erstes Anrecht auf jede Novität besitzen, wodurch eine der in den ethnologischen Sammlungen bestehenden Lücken ausgefüllt werden könnte.

Ein für die Erörterung etwas misslicher Punkt bliebe die Centralisation, die Abschätzung ihrer Folgen, wie sie sich in der, gleich einem Leviathan, Alles zum Verschlingen ansaugenden Hauptstadt Frankreichs zeigt, mit denen der Decentralisation aus Deutschland's früherer Geschichte. Darauf jedoch einzugehen, liegt kein Anlass vor, da der hier allein näher gelegte Fragesatz bereits als erledigter gelten darf, denn dass bei den durch die Induction auf statistische Grundlagen, und somit also auf möglichste Vollständigkeit, hingewiesenen Sammlungen, diese zunächst an einem

Orte wenigstens, und wenn an einem, zunächst an dem der
Schwere nach überwiegenden, also an einem centralen herzustellen
seien, darüber wird unter den mit Naturgesetzen vertrauten Forschern,
eben den bei solch naturwissenschaftlichen Sammlungen interessirten
Naturforschern, kaum eine Meinungsverschiedenheit herrschen
können. Die hier weiter zu ziehenden Consequenzen würden auf
mineralogische und geologische (mit selbstgegebener Ausnahme der
paläontologischen), auf botanische oder zoologische Sammlungen
keine Anwendung finden, da in diesen drei Reichen die Natur genug
und übergenug producirt, um alle Museen der Welt mit Ueber-
fülle zu sättigen, wenn nur Mittel genug vorhanden, das Erforderliche zu beschaffen. Das Ganze läuft hier oftmals in der Hauptsache auf eine Geldfrage hinaus, bei ethnologischen Sammlungen*) dagegen kommt die Frage des factisch vorhandenen
Materiales hinzu. Selbst die reichsten, und vielleicht könnte man
sagen, selbst die reichsten alle zusammen genommen, bilden nur
einen Tropfen im Meer, wenn in der Ueberschau des Globus verglichen mit dem, was noch fehlt, was aber für gesicherte Funda-
mentirung, unumgänglich nothwendig erscheinen möchte. Manches
wird sich auch hier, wenn noch zeitig genug genügende Geldmittel zu
Gebote gestellt werden sollten, vervollständigen lassen, und wenn
überhaupt, dann ebenso gut wie bei anderen Naturgegenständen,
in jeder beliebigen Zahl von Doubletten, und also für jede beliebige

---

*) Und so mut. mut. bei prähistorischen. „Die widersprechenden Re-
sultate einseitiger Betrachtung, die folgenschweren Irrthümer von Untersuchungen vereinzelter Thatsachen, ohne Beachtung des Verwandten und
Gleichartigen, musste auf den Gedanken einer übersichtlichen Vereinigung
unserer nationalen Alterthümer heidnischer Zeit hinleiten. Der wissenschaftliche Werth und die Bedeutung einer solchen Zusammenstellung bedarf
keiner nähern Erklärung. Nur allein aus einem Gesammtüberblicke derselben steht die Aufklärung der widerstreitenden Meinungen, die Beseitigung
jener Hypothesen und jener Widersprüche zu hoffen, welche sich bei der
Beurtheilung der Alterthümer der einzelnen Landesgegenden aus der vorzugs-
weisen Beachtung ihrer oft sehr lückenhaften Localgeschichte ergeben haben."
(Lindenschmit.)

Zahl von Museen. Auf vielen Gebieten der Ethnologie dagegen und gerade auf vielen der wichtigsten, ist die Sammelzeit leider schon längst vorüber, und blieben wir deshalb bei ihnen für immer auf die limitirte Zahl der zufällig noch vorhandenen Repräsentationen beschränkt, ohne irgend welche Möglichkeit, die Zahl derselben jemals je auch nur um ein einziges Stück vermehren zu können. Und wenn all' die vorhandenen Stücke aus allen Museen Europa's in einem einzigen zusammengebracht wären, so würde eine solche Universal-Ausstellung immer noch den Eindruck bejammernswerthen Flickwerk's machen, beim Ausmalen eines ihrer Bestimmung würdigen Bildes. Jede unnöthige Zersplitterung richtet sich dadurch von selbst. Allerdings, wenn unnöthig. Ob sie aber nicht bisweilen nöthig?, gerade um, worauf es in diesem Augenblick am Meisten ankommt, das Interesse rasch und lebendig, an verschiedenen Stellen gleichzeitig, zu erwecken? Dass die Local-Museen, die während der letzten Jahre in verschiedenen Theilen Deutschland's aufgesprungen sind, ausnehmend günstig gewirkt haben, kann nicht bezweifelt werden. Das patriotische Interesse concentrirt sich energischer in solch enger geschlossenen Kreisen, und so werden eine Menge Hebel in Thätigkeit gesetzt, die sonst unbenutzt vermodert wären. Die Hanseestädte beginnen die Vortheile ihres internationalen Verkehrs auszunutzen, das Museum Hamburg's ist im raschen Wachsthum begriffen unter seinem jetzigen Verwalter und im Kreise thatkräftiger Freunde, das in Bremen bleibt nicht zurück, und rüstig vor Allem geht es . in Leipzig vorwärts, das, seine Lage in einer Binnenstadt in Betracht gezogen, überraschend viel in kurzer Zeit geleistet hat. Insofern ist es, für den Augenblick jedenfalls, freudigst zu begrüssen, dass hier unvermuthet Helfer erstanden, und zwar so thätige, unermüdliche und erfolgreiche zugleich. Ohne ihre Mithülfe wäre wahrscheinlich noch weit mehr verloren gegangen, was im letzten Augenblicke gerettet sein mag, und in jeder Bereicherung eines dieser Museen bezeichnet sich damit eine Bereicherung aller, in ihrem Zusammenarbeiten an gemeinsamer

Wissenschaft. So lange also, als es als dringendste Pflicht betrachtet werden muss, die letzten Reste der nach allen Seiten
hin unter den Händen entschwindenden Sammelobjecte rasch noch
zu erhaschen, so lange muss jedes neue Museum freudigst begrüsst
werden, denn jedes bringt neue Mithelfer, und solcher bedarf es
in dieser Periode des Zusammenraffens. Ob freilich, wenn die
Periode des Sichtens und Ordnens gekommen, des Strebens nach
methodischer Ueberschau, ob auch dann noch die Zersplitterung
in Permanenz zu erklären?

Vielleicht, wenn einst in kommenden Tagen die Ethnologie,
im Glanze ihrer vollen Bedeutung verklärt, die Blicke der Menschheit
fesselt, vielleicht wird diese dann, von Sorgen um die eigene Geschichte
erfüllt, längst die nationaler Rivalitäten vergessen haben, und die
Aermlichkeit der in den ethnologischen Sammlungen aus der Vergangenheit gebliebenen Reste betrauernd, diese wenigstens in einer
gemeinsamen Wissenshalle zu vereinigen, als nächstliegende Pflicht
bestrebt sein.

Im Anschluss der Ethnologie an das, was man die Wissenschaft vom Menschen genannt hat, — an dasjenige nämlich, was
die von der Philosophie der Geschichte angestrebten Ziele unter der
Methode naturwissenschaftlicher Gesichtspunkte schärfer verdeut-
lichen wird, — im Anschluss an die damit verwachsenen Ergebnisse
aus inductivem Aufbau einer vergleichenden Psychologie, wird zugleich ein practisches Resultat gewonnen sein, dessen weittragende
Folgewirkungen im Voraus kaum noch abzuschätzen sein dürften.

Bei den aus uralter und mannigfachst gebrochener Geschichtsbewegung in einander verschlungenen Fäden unserer complicirten
Civilisation ist dem denkenden Haupte derselben, weil beständig
zu neuen und incongruenten Beschäftigungen gerufen, die unmittelbare Fühlung mit seinen Gliedern, mit dem, in Anbetracht
materieller Elemente, noch der ursprünglichen Anlage ent-
sprechendem Körper, mehr und mehr verloren gegangen.

Die heutige Gelehrtenwelt, quantitativ nur ein minimaler Bruchtheil der Gesellschaft, steht durch eine breitere Kluft, als wie sie irgendwo sonst die äussersten Kettenringe festgeschlossener Kasten scheidet, von der grossen Masse getrennt, weil in der Weltanschauung einer fremden Welt, unter den Constellationen eines völlig veränderten Firmamentes lebend und geistig producirend.

Da es nun aber solch geistige Productionen eben sind, welche aus diesem quantitativ, wie gesagt, minimalen, qualitativ dagegen an Schwere überwiegendsten Bruchtheil, aus dem Haupte, belebend auf die Glieder überzuströmen haben, wird von der angemessenen Congruenz wechselwirkenden Verkehrs die Gesundheitsfrage des Gesellschaftskörper vorwiegend abhängig bleiben, und dieser, wenn incongruent afficirt, sich durch gewaltsame Revolutionen erschüttert fühlen.

Vielleicht macht sich in Deutschland dieser Unterschied weniger empfindbar, aber ein Blick (von andern Erdtheilen zu schweigen) auf die meisten der übrigen Länder Europa's bringt das bestehende Missverhältniss leicht zum Bewusstsein, und gerade in Frankreich, wo sich die höhern Klassen am feinsten sublimiren, markirt sich der Gegensatz am schroffsten, wie z. B. in dem 1878 zwischen der Rue Béranger und dem Place du Chateau d'Eau hergestellten Causalnexus (s. Parfait)*) hervortretend. Quam

*) Le terrible accident de la rue Béranger, qui emut Paris en 1878 fut la riposte de dieu à l'idée émise par quelques-uns d'élever une statue à Voltaire sur la place du Chateau d'Eau. „Tout s'organise, (dit Mgr. Besson dans un mandement digne de rester célèbre), le jour est pris: c'est le 30 mai, la place est marquée, c'est la place de Chateau d'Eau . . . Les politiques se taisent, mais dieu ne se taira pas. Il prend les devants, il parle, le tonnerre en main. A deux pas de la place choisie, un incendie éclate quinze jours avant inauguration de la Statue de Voltaire. Et depuis quinze jours, le sol tremble sous le coup de la foudre qui l'a frappé. Des millions sont engloutés dans la catastrophe. On n'a pas pu encore ni compter ni retrouver toutes les victimes. Ce n'est plus une fête à célébrer, c'est un grand deuil, qu'il faut mener dans un sanctuaire voisin." Ainsi l'auteur de l'explosion, qui a fait tant d'innocents victimes, c'est dieu. Un évêque affirme, et, devant cette affirmation, la justice ne s'est elle pas montrée bien incrédule d'aller

ob rem, ut religio propaganda etiam est, quae est juncta cum

chercher le coupable ailleurs? Dieu croyait avoir à se plaindre des manifestations voltairiens. Alors, que fait-il? Il dirige sur eux sa foudre? Non, Rue Béranger, 22, il avise un ballot d'amorces. C'est le but qu'il choisit et le numéro 20 s'effronde en écrasant de pauvres femmes, des enfants, qui n'ont peut-être jamais entendu parler de Voltaire.

Et comme s'il tenait à témoigner qu'en cette occasion dieu s'est montré coulant, Mgr. Besson ajoute, que, pour tout aussi peu ont été infligés à la Frances les horreurs autrement graves de l'invasion. Le Journal de Siècle n'avait-il pas en 1867 ouverte une souscription voltairienne? Inde irae.

Die Schreckensrufe bedrohenden Unterganges (dieu, de plus en plus menaçant, s'apprête à nous pulveriser) wurde gemildert im „déluge curieux de remèdes tout puissants," wie: la dévotion au Sacré-Cœur, devotion à l'Ame très-sainte, dévotion à la plaie de l'épaule gauche, Oeuvre auxiliatrice des Mains divines," und dann so manche „seule planche de salut" (nicht nur in Saint-Dizier) von den alten (oder classischen) Heiligen, Saint-Denis, Saint-Martin, Saint-Rémy, Saint-Michel (defenseur particulier des Rois de France), Saint-Quentin (un beau sauveur, qui le jour de danger, commence par se sauver lui-même), Saint-Radegonde u. s. w. bis zur Notre-dame de Lourdes, Notre-dame de Vertus, Notre-dame d'Espérance, oder Notre-dame de Chartres u. s. w. u. s. w. C'est une veritable foire, foire aux Notre-dame et foire aux Reliques, und man mag noch hinzunehmen: Notre-dame de l'Osier in Grenoble, Notre-dame de Sion in Nancy; Notre-dame de Cléry in Orléans, Notre-dame de Talance in Bordeaux, Notre-dame de Bon Secours in Viviers, Notre-dame des Lumières in Avignon, Notre-dame de la Garde in Marseilles und viele Andere, worunter auch Specialitäten (als Saints protecteurs). Şt.-Bernard wird für Ernte in Cantal angerufen und St.-Godebertus in Noyen. Ausser Santa-Barbara schützt gegen Hagel Notre-Dame du Crocq in Limoges, Saint-Exupère in Tarlics; St.-Urban schützt die Weinstöcke, St.-Magnus gegen dessen Krankheiten, St. Saturninus gegen die des Viehs in Artois, St.-Siméon in Orne, St.-Sebastien in Anjou, St.-Guérin in Savoien, Saint-Viance in Limousin, Saint-Eloi hütet die Pferde, Saint-Corneille die Kühe in Bretagne und Sainte-Brigide im Norden, wie Saint-Fleuret, Saint-Camelle u. s. w.

Dass die Götter nicht Aller Augen fassbar werden, wusste bereits Homer, indem die Erscheinung der jungfräulichen Athene, für Ulysses sichtbar war, nicht jedoch für Telemach. Nachdem in Lourdes „l'Immaculé Conception" [l'enfant a déclaré qu'elle n'avait pas compris cette locution barbare. c'est fort heureux; j'espère qu'on aura respecté assez sa candeur pour ne pas la lui expliquer] der begünstigten Bernadotte erschienen war „chaque matin, la fillette se rend à la grotte et devant un cercle de plus en plus considérable

cognitione naturae, sic superstitionis stirpes omnes ejiciendae.

---

d'bébétés et de curieux, elle se livre à des colloques qu'on entend pas avec une personne, qu'on doit se borner à diviner." Die „belle Dame", die den Kindern Maximin und Mélanie (in Salette) erschien, „tient un étonnant dis- cours" mi-patois, mi-français, ihre Geheimnisse mittheilend, selbst für „le Saint-Père (s. Déléon): un „mundo do stupidità". Aber dennoch: La manière admirable, dit le père Berthier, dont le discours de la divine Messagère révèle les plaies de notre siècle, a paru à un illustre prélat et paraitra aux esprits sérieux, une des preuves les plus peremptoires de la vérité de l'apparition". Instructive Vergleichungspunkte für die bei den Naturvölkern zur Er- leichterung des Schuldbewusstseins verlangten Opfer, bieten, in Analogie mit buddhistischem Abrechnen zwischen Kuson und Akuson, die Indulgenzen. „les plus faciles indulgences à gagner chaque jour et chaque année ou Memorial quotidien et perpetuél des indulgences". Le titre seul est déjà plein d'attrait; Les plus faciles indulgences! Il s'agit evidemment de celles qu'on peut gagner à bon compte, sans se donner trop de mal. On aime à faire son salut. Pour les tièdes et les endormis, cela est comme le pendant de la messe dite des paresseux. Pourtant, ne vous fiez pas. Il n'y a rien d'absorbant, en somme, comme la conquête des indulgences. Faciles soit, elles le sont, mais elles sont aussi autrement multipliées. Doch folgen mit Rosenkränzen, Scapularien (le Scapulaire bleu, le Scapulaire du Mont Carmel, le Scapulaire rouge, le Scapulaire du Précieux Sang, le Scapulaire de la Très-Sainte Trinité, le Scapulaire de Notre-dame de sept douleurs, le Scapulaire du Sacré coeur), „Cordons" de St.-François, de St.-Joseph, de Saint- Thomas d'Aquin, du Précieux Sang), „Chaines de Sureté", auch Statuettes (et autres menus fétiches), „medailles" (plus solides et plus durables, que les images imprimées", dit le Rev. P. Huguet) u. A. m., Erleichterungen genug für „le moyen d'aller droite au ciel en profitant des iudulgences de l'Église" (1870). Die Literatur ist hinlänglich gut versehen, doch möchte gelten, was Cicero seinem Bruder vorwirft: Cum explicare nihil posses, pugnasti commen- ticiorum exemplorum mirifica copia.

Das indess wirkt auf die Massen, und dass es sich um Massen handele geht aus Zahlen hervor, wenn aus unzähligen Beispielen im zu Gebote stehenden Apparat eins hervorgehoben wird. Die anfangs für eine „pieuse illusion" gehaltene „Médaille miraculeuse" (durch die Jungfrau im weissen Kleid mit blauem Ueberwurf und rothem Schleier 1830 in Paris geoffenbart) verbreitete sich aus den Provinzen Frankreichs in die Fremde, „dans la Suisse, dans le Piemont, en Espagne, en Italie, en Belgique, en Angleterre, en Amérique, dans le Levante et jusque dans la Chine, et nous pouvons assurer aujourd'hui que le nombre de ces médailles s'élève à plus de trente millions (30 000 000)

Soll die Wissenschaft populär werden, sollen also die Erruugen-

Partout des chrétiens indifférents, des pécheurs obstinés, des impies, des Pro-
testans, des Juifs, des Turcs même la demandent ou la portent avec une
réligieuse vénération."
Für jene Millionen würde also z. B. die Hauptbedeutung des Bekanntwerden's Japan's darin liegen, dass es uns das „Chapelet des martyrs japonais"
gegeben hat, das (nach dem Prospectus revetu de l'approbation episcopale)
n'a besoin d'aucunbenediction speciale. Was zählt dagegen das kleine Häufchen
von Ethnologen, die in Betreffs Japans andere Gesichtspunkte festhalten
möchten. Und ferner wird erzählt, wie die Japaner durch Teufelaustreibungen
mittelst heiliger Reliquien profitiren, oder dass „l'eau de la Salsette a le plus
grand succès chez les Annamites."
Dann heisst es von den confrèries ou archiconfrèries (in Issoudun): Ils sont
en même temps missionaires, libraires, bimbelotiers, journalistes, missionaires,
lampistes: Tous les dimanches, les demandes de faveur addressées par les
associés pendant la semaine sont soumises à la Vierge, qui juge si elle doit
ou non exaucer. Il paraît, qu'il en arrive de tous les points du globe 100000
par mois, plus d'un 1000000 dans l'année, chiffre officiel, ce qui doit singu-
lièrement réjouir l'administration des postes.
Im Prospect des Pfarrer von Graçay (der „12 messes par an pendant 6
ans, plus une messe à perpétuité et une image" verspricht, „contre un aumône
de 25 centimes") wird man gebeten: d'écrire ses intentions sur une petite
bande de papier détachée de la lettre, si l'on tient à ce qu'elle soient déposées
dans un des neuf coeurs en vermeil rangés sous les regards de Notre-dame
de Graçay. Les intentions, qui arrivent le même jour, sont confiées au même
coeur, et après avoir prié sur elle neuf jours, elles en sont extraites et placées
aux pieds de Marie, dans l'interieur de l'autel soigneusement fermé, et pro-
tégée pendant de longues années contre l'humidité."
Streitigkeiten, wie die über den „bienheureux Pierre Fourier" zwischen
„la ville de Pont-à-Mousson" und „la ville de Gray" (während Mattaincourt mit
Gewalt zwischengriff), wie zwischen den „Visitandines de Paris et celles de
Moulins" um das Herz der heiligen Chantal u. s. w. können nicht ausbleiben,
und ebensowenig, bei der stetig steigenden Concurrenz, Rivalitäten aller Art:
Un révérend père jesuite oppose ainsi victorieusement le Chapelet des
âmes du Purgatoire au Chapelet de Saint-Dominique: „Le Chapelet des
âmes du Purgatoire peut-être pieusement recité en trois ou quatre minutes
et la somme des indulgences gagnées est de quatre-vingt-dix-huit ans et
quatre quarantaines. En dix minutes, en un quart d'heure, le Rosaire des
âmes du Purgatoire peut-être bien récité et la somme des indulgences gagnées
s'élève à deux cent quatre-vingt-quinze ans et trois quarantaines. La somme

schaften der Gelehrtenarbeiten günstig und fördernd auf den

des indulgences attachées à un chapelet de Saint-Dominique, est de dix-huit ans et vingt jours, celle des indulgences du Rosaire ne peut dépasser soixante cinq ans et cent jours. La récitation du chapelet de Saint-Dominique ne se peut faire qu'en un quart d'heure, et celle du Rosaire en trois quarts d'heure." Aber das „Chapelet des morts" (tel que nous le voulions, puis qu'il est à la fois très court et très riche en indulgences) „fait gagner à la personne que le récite pas moins de vingt-trois mille trois-cents jours d'indulgences". Dabei wiederholt sich die Versicherung (wie b. Abbé Guglielmi): „C'est un remède prompt et efficace pour tous les maux", so dass dadurch und die heiligen Wasser, von Lourdes, von Salette, des St. Inaz, dann Aqua Jordanis (prix du Flacon, France 5 francs, Etranger 6 francs) die Aerzte etwas in die Klemme kommen, wie die Physiker durch die „vertu de la bénédiction": Quand la main du prêtre benit une substance, une chose, il en chasse en premier lieu tout mauvais esprit, il en expulse tout influence nuisible, in manichäischen Erinnerungen, und dann erhalten „ces medailles une vertu particulière", wodurch sie bei Feuersbrünsten gute Dienste thun, wenn hineingeworfen. A peine le bénit talisman a-t-il pénétré sous la voûte embrasée que les flammes se sont humblement abaissées", dafür kann jede Zahl beglaubigter Beispiele geliefert werden. Ueber die bei Examinationen geleisteten Hülfen (besonders durch „un étui renfermant la Statue de Sain Joseph") liegt ebenfalls Auswahl vor, unschuldiger Form, wie im Puya indischer Candidaten, oder das Versteckenspielen der Bilder (à Besse, en Auvergne, la Vierge, après s'étre esquivée deux fois, finit par se rendre aux supplications des citadins), ihre Vertrautheit (wie in der Statue Hecate's mit Theagenes) u. s. w., während andre Punkte dieses Capitels sich bei vergleichend ethnologischer Umschau mit blutigen Riten verknüpfen, tief eingewurzelt in jene Nachtseite menschlicher Existenz, aus denen sie pathologisch hervorwuchern (wobei die „hosties animées" aus dem Spiel gelassen bleiben mögen mit ihren Beziehungen zum blutigen Brod im macedonischen Lager vor Tyr oder zum Dionysos, als einem Omistes der Hailtzuk). Die Götterriecherei (eines Heraiscos) verschwindet gegen die Hexenriecherei, die im mittelalterlichen Europa in grossartigerem Maassstabe arbeitete, als bei den Amakosa, und Seelenriecher gab es nicht in Alexandrien allein.

Freilich können sich die Naturvölker in der plumpen Rohheit ihrer Fetische entfernt nicht messen mit den Subtilitäten verfeinertster Civilisation, bei denen es sich um Folianten gelehrter Untersuchungen handelt, bald im philologischen, bald im historischen Fache, zur Feststellung byzantinischer, wenn nicht bereits apostolischer, Daten bis zu Beziehungen mit Carl M.,

Gesammtorganismus der Gesellschaft zurückwirken, so muss zu-
dann genealogische aus den Kreuzzügen, bald juristischer für verschleppte
Processe bei frommen Diebstählen, bis zu Appellationen an König und
Papst, oder hierarchischer in Beziehung auf diesen und Begründung von
Petrus' Sitz auf jenem Hügel, aus dessen Spelaion (oder Spelunke) der $\vartheta\epsilon\grave{o}\varsigma$
$\dot{\epsilon}\kappa$ $\pi\acute{\epsilon}\tau\rho\alpha\varsigma$ (ein Hercules in petra) als invictus, freilich auch als „imdepren-
sivilis", hervorlugt, während für die $\chi\rho\eta\sigma\mu\omicron\lambda\omicron\gamma\omicron\iota$ im Chrestos das Mittelglied
eines $\chi\rho\iota\sigma\tau\omicron\varsigma$ für $(\Lambda\alpha\kappa\epsilon\delta\alpha\iota\mu\omicron\nu\iota\omicron\iota\varsigma)$ $\chi\rho\eta\sigma\tau\omicron\iota$ gesucht wird.

In einem gelegentlich zusammengestellten Raritätenkabinetchen folgen
als Ueberschriften:

La sainte Chemise de Chartres, (der Jungfrau) aus Karl des Kahlen Schenkung,
(im Streit mit der Carl's des Grossen in Aachen).

La Main de St. Louis à la Monjoie, (Louis XIV. toucha environ 2000 malades,
Louis XV. plus de 2400).

Le Precieux Sang de Fécamp, dessen (an ägyptische Fassung erinnernde)
Seereise im Baumstamme von der Küste Sidon's her Abbé Biard (1875)
festgestellt hat.

La Sainte Chandelle d'Arras, mit deren Wachstropfen gesalbte Geschwüre
heilen (à l'instant même). Celui qui croira sera guéri, celui qui ne
croira pas sera frappé de mort, hat die Jungfrau aus eigenem Munde
erklärt (nach Abbé Broyart, 1872).

La Tête de Sainte Anne, à Chiry, zweimal (1492 und 1807) durch bischöf-
liche Documente authentisch bestätigt, als mère de la Sainte Vierge
(und durch die heilige Anna aus Ungarn in Zeit der Kreuzzüge
überbracht).

Le Coeur de Sainte Chantal, à Neuers; das grosse Ereignisse vorhersagende
Schwitzen (dit Mgr. Guérin) trat ein: 1847, 1853, 1858, 1859, 1860,
1870 (im Mai) u. s. w. Auch im Alterthum hatten einige Statuen
das Schwitzen gelernt, wie die des Orpheus.

La Sainte Face de Tours, wofür auf die Bollandisten verwiesen werden kann.

Le Saint Lait d'Evron, ob „de terra dicta lac Virginis" bleibt im Hinblick
auf die Säugung des heiligen Fulbert durch die Jungfrau unentschieden
beim Curé-doyen (1876).

La Sainte-Tunique d'Argenteuil, tissue par la sainte Vierge (die zum Rock
von Trier führende Polemik bei Seite gelassen).

La Langue de Saint François de Sales, à Avignon, dessen Kammerdiener
bereits bei Lebzeiten die „vieux habillements du Saint" (sowie die
beim Haarschneiden abfallenden Büschel) aufbewahrte, mit prophe-
tischem Geist in die Zukunft schauend: „Je prevois qu'un jour tout
ceci deviendra des reliques".

nächst eine naturgemässe Verbindung hergestellt sein, ein wechsels-
weises Verständniss.

La Sainte-Prépuce de Charroux, la relique (s. Brouillet) connue sons le nom
de Caro-rubra, Saint-Voeu ou Sainte-Vertu und (nach Mgr. Pie), „qui a
vu huit siècles à ses genoux" (1863), wofür die heilige Brigitte als Autorität gelten kann, oder Suarez, in theologischer Tiefsinnigkeit getränkt.

Le Tombeau de Sainte Radegonde, á Poitiers, für Alle interessirt, à la
guerison de la grande malade, la France (1874).

Le Saint-Suaire de Cadouin. Die aus der Flucht im Englischen Kriege
(XVI. Jahrh.) und Wiedererlangung durch falsche Schlüssel ent-
standenen Processe wurden durch die Leihcontracte an die Abtei von
Obasine complicirt.

La Sainte-Coiffe de Cahors (une calotte à oreilles), donnée à l'église de Cahors
par l'empereur Charlemagne.

Le Tombeau du Curé d'Ars. Le Saint Curé pouvait user á volonté du crédit
tout-puissant de sa chère médiatrice auprès de Dieu *(Abbée Olivier)*
Olivier) „sa chère petite sainte" (Sainte Philomène), die, bekümmert
über das Unbekanntsein ihrer Geschichte, dieselbe dreimal selbst erzählt hat, an drei verschiedenen Orten und an drei verschiedenen
Personen, 30 Jahr nach Auffindung ihrer Gebeine in den Catacomben,
und der Teufel (le grappin) „chantait dans sa cheminée comme un
rossignol" *(s. Abbé Monnin),* wie Procne (Philomele's Schwester).

La Sainte-Ceinture de Quintin; Marie la portait lorsque le fils de dieu
descendit dans son sein (nach dem Benedictiner Dom Guepin, 1872).

La Sainte-Larme d'Allouagne. Mais peut-être que quelqu' un va demander:
„Comment a-t-on pu recueillir les larmes de Notre Seigneur Jésus-
Christ?" Das wird dann in Abbé Plique's Werk (Bèthune, Galland,
in 18.) erschöpfend abgehandelt.

La Mâchoire de Sainte Solange. Die junge Schäferin, die sich hat enthaupten
lassen (de rejoindre le céleste Époux), „reste debout un moment,
comme pour prendre réflexion, puis elle se penche, ramasse la tête
ensanglantée, la lave etc. etc." So erzählt „une tradition respectable"
und ihr folgend l'Abbé Bernard (1878).

Le Saint-Mors de Carpentras. S'agirait-il par hasard d'un mors de cheval?
Parfaitement. Et ce mors est sainte? Weitere Auskunft b. Abbé
Gosselin oder Abbé Ricard.

Le Baton de Saint Joseph, deux Milles Parcelles authentiques du Baton de
Saint Joseph; für 100 fr. das Stück (dans un étui en bronze doré)
stehen zum Verkauf (Bureaux du Propagateur). Zugegeben wird das
Diplome „d'authenticité canonique". Venite ad Joseph!

Wir werden vorerst die physiologischen Wachsthumsprocesse

La Côte de Sainte Madeleine, à Vezelay. Einige möchten fragen, wie der Körper einer in Judäa geboren nach Gallien gelangt sei, mais nous leur répondrons en peu de mots que tout est possible à Dieu, stellt Abbé Gally fest, gedruckt in einem Werk (1878) mit dem Gepräge „d'une saine critique" (nach Mgr. Bernadou).

La Sainte-Nappe de Vienne (apportée à Vienne par Saint-Zacharie).

La Sainte Etole (St. Huberts) passe pour avoir été apportée du ciel au saint évèque par un ange.

Im Inventarium der Kirche von Volay findet sich catalogisirt:

Un os frontal de Saint Jean Baptiste, pouvant avoir 5 ou 6 cm. de long.

Un os du bras de Saint Jacques, 5 cm.

Une partie d'os de la jambe de Sainte Juliette, 10 cm.

Une côte de Saint Apollinaire, évêque et martyr, 8 cm.

Une rotule du bras de Saint Trohé, abbé, 4 cm.

Dann auf einer der (von den Pilgern gefolgten) Strassen nach Rom, wohin bekanntlich viele führen, „nous avons pu dresser une liste formidable de fétiches", nämlich:

La Sainte-Suaire, in Turin (einer der vielen Rivalen, unter denen die Entscheidung schwierig wird, da das Criterium, dass nur die wahren Wunder wirkte, von R. P. Carles (1875) bestritten ist: Il est certain que plusieurs miracles ont été faits à l'occasion de quelques faux suaires.

Le Sacro-Cattino (das authentische Stück der Coena)   in Genua.

Le Disco (worin Salome den Kopf Johannes des Täufers präsentirte)   „

A l'Annonciata:

La madonne miraculeuse   in Florenz.

Au Dôme:

Un fragment du roseau que les soldats mirent par dérision entre les mains de Jésus   „

La tête de Saint-Zanobi   „

A l'Église de la Portiuncule:

Cette indulgence (der Portiuncula) est valable toties quoties, ce qui signifie qu'autant de fois on entre dans l'église de la Portiuncule depuis l'heure de vêpres de l'août jusqu'au coucher du soleil le lendemain, autant de fois on gagne l'indulgence plénière   in Bologna.

A la chapelle des capusins:

Le corps de sainte Catherine de Vigri   „

des normal gesunden Durchschnittsgedankens zu studiren haben,

A Notre-Dame de la Garde:

L'image de la Vierge peinte par Saint-Luc   in Bologna.

A Saint Marc:

L'image miraculeuse de Notre-dame des Victoires   in Venedig.

La pierre du martyre de saint Jean Baptiste   „

La pierre du haut de laquelle Notre-Seigneur a prêché à Tyr   „

Le couteau, qui servit à Notre-Seigneur à sa dernière Cène   „

A l'église Saint-Antoine:

La langue de Saint-Antoine de Padoue   „

Au Dôme:

Le Saint-Clou de la crucifixion   in Mailand.

Le corps de Saint-Charles-Borromée. (Le corps du Saint n'est
montré que moyennant une rétribution de trois francs.)   „

A Saint-Ambroise:

Le serpent de bronze qui, selon une croyance populaire, serait
celui qu'eleva Moise et qui doit siffler à la fin du monde.
(Nach dem Führer)   „

Les Saints-Ambroise, Gervais et Protais   „

A Saint-Adriene:

Les corps des trois enfants hebreux Sidrach, Misach et Abdenago.
jetés par ordre de Nabuchodonosor dans une fournaise
ardente à Babylone   in Rom.

A Sainte-Anastasie:

Le voile de la sainte Vierge et la chlamyde de Saint-Joseph,
qui servirent à envelopper l'Enfant Jésus au moment de
sa naissance   „

A Saint-André della valle:

Le Santo-Bambino (zum Küssen)   „

Aux Saints-Apôtres:

Du sang toujours liquide de Saint-Jaques le Mineur   „

La mâchoire de Saint-Barnabe   „

Du capuchon de Saint-Antoine de Padoue   „

A Saint-Augustin:

Les cuisses de Saint-Longin   „

Le sang miraculeux de Saint-Nicolas de Tolentino   „

A la Chiesa Nuova:

Une fiole pleine du sang encore liquide de Saint-Pantaléon   „

A la Conception:

L'anneau de Sainte-Anne   „

seine Embryologie sowohl, wie seine Biologie und dann die Ver-
gleichungsstufen seiner Entfaltungen.

A Sainte-Croix de Jérusalem:

Trois morceaux de la Vraie Croix   in Rom.

Le traverse de la croix du bon larron   „

La Titre de la croix   „

Un des clous, qui a été teint du sang du Sauveur   „

Une partie de la corde qui lia Jésus à la colonne   -

Le doigt avec lequel Saint-Thomas sonda les plaies de Jésus   „

Des cheveux de Jésus enfant   „

A Saint-Dominique et Saint-Sixte:

L'Épine dorsale de Saint-Sixte II.   „

A Saint-François a Ripa:

Dix-huit mille reliques „très-authentiques", dont quatre morceaux de la Vraie-Croix   „

A Sainte-François Romaine:

L'empreinte des genoux de Saint-Pierre   „

Au Gesù:

(entre autres reliques de Saint-Ignace):

Les volets de sa fenêtre   „

Trois portes de sa chambre   „

A Saint-Jaques:

L'autel de la présentation de Notre Seigneur   „

La pierre du sacrifice d'Abraham   „

A Saint-Jean de Lateran.

La verge de Moise   „

La tunique miraculeuse de Saint-Jean   „

Une partie de son menton   „

La coupe dans laquelle le poison lui fut présenté par ordre de
Domitian   „

Une épaule de Saint-Laurent   „

La tête miraculeuse de Saint-Pancrace   „

Une vertèbre de Saint-Jean Nepomucène   „

L'image achéropite du Sauveur   „

La Table sur laquelle Notre-Seigneur célébra sa dernière cène   „

Une partie du lit de ce cène   „

Du linge avec lequel Jésus-Christ s'essuya les mains après la
Dernière Cène   „

Du linge dont il essuya les pieds de ses disciples   „

La Scala Santa (Saint Escalier)   „

Davon wissen wir bis jetzt noch nichts, oder doch nur wenig

Du vêtement de pourpre encore taché de sang, dont Jésus-Christ
fut habillé par dérision   in Rom.

Un morceau de l'épogne trempée dans le fiel et le vinaigre   „

Du sang et de l'eau que-coulèrent du côté percé de Jésus-Christ
après sa mort   „

Le voile dont la sainte Vierge couvrit la nudite de Notre
Seigneur sur la croix   „

           A Saint-Gérôme:

Le Crucifix, qui parla à Saint-Philippe de Néri   „

           A Saint-Laurent hors les murs:

Deux pierres de la lapidation de Saint-Étienne   „

Quelques morceaux du gril de Saint-Laurent   „

Le marbre sur lequel Saint-Laurent a été déposé   „

           A Saint-Laurent in Damaso:

De la même graisse de Saint-Laurent   „

De sa cendra et des charbons qui servirent à le rôtir   „

           A Saint-Laurent in Lucina:

De la chair brûlée de Saint-Laurent   „

La forchette de fer dont ses bourreaux se servirent, pour attiser
le feu   „

Le linge dont un ange vint essuyer ses plaies   „

           A Saint-Marc:

Un voile imbibé de l'eau et du sang qui coulèrent de côté de
Jésus après sa mort   „

Une partie du linceul dont l'enveloppa Joseph d'Aremathie   „

Une toile impregnée de sang de la Sainte-Véronique Giuliani   „

Des entrailles de Saint-Pie V.   „

Des entrailles de Saint-Charles Borromée   „

L'annulaire du bienheureux Barbadigo   „

Les vertèbres de Saint-François de Jérôme   „

           A Sainte-Marcèl:

L'écuelle de Saint-Roche   „

           A Sainte-Marie in Ara coeli:

Le Santo-Bambino (un des fétiches, les plus populaires de Rôme)   „

           A Sainte-Marie in Campitelli:

Du lit de la Vierge   „

Du vêtement de poil de chameau de Saint-Jean Baptiste   „

De la graisse de Sainte-Marguérite de Cortone   „

Des entrailles de Sainte-Françoise Romaine   „

mehr, und woher auch sollte diese Kenntniss haben geschöpft

A Sainte-Marie Majeure:

Des langes de l'Enfant Jésus — in Rom.
De la creche de Notre Seigneur — „
Du Seint-Berceau — „
Du foin de l'étable de Notre Seigneur — „
Une chemise de Jésus enfant — „
La Vierge de Saint-Luc — „
Des cheveux de la Vierge — „

A Sainte-Marie du Peuple:

La jambe d'une des compagnes de Sainte-Ursule — „

A Sainte-Marie della Scala:

Des reliques des trois rois mages Caspar, Balthasar et Melchior — „

A Sainte-Marie in Trastevere:

La fontaine d'huile miraculeuse. Hinc oleum fluxit, cum
    Christus Virgini luxit — „

Au couvent des Oratoriens:

Du sang, des cheveux, des nerfs de la main de Saint-Philippe
    de Néri — „
La corde de l'escalier qui menait à sa chambre — „
Deux paires de chaussons du saint — „
Deux calecont — „
Sa chaufferette — „
Son mouchoir — „
Son gilet — „
Ses lunettes — „

A Saint-Paul hors les Murs:

Le bâton de Saint-Paul — „
Le crucifix qui tendit les bras vers Sainte-Brigitte — „
La téte de la Samaritaine — „
Les corps de plusieurs innocents — „

A Saint-Pierre, au Vatican:

La colonne du temple de Jérusalem contre laquelle Jésus
    s'appuya pour prier et pour enseigner — „
Le voile de Sainte-Véronique, où est empreinte la face du
    Sauveur — „
La lance, qui perça le côté de Notre Seigneur — „
Du manteau et de la ceinture de Saint-Joseph — „
Un doigt de Saint-Luc — „
La rotule du genou de Saint-Rufille — „

werden können?, woher die Kenntniss des Menschen in der

L'épaule monumentale de Saint-Christophe	in Rom.
La gorge de Sainte-Blaise.	
De la peau de la tête et des cheveux de Saint-Antoine de Padoue. Die Haut des Epimenides (in Sparta) war beschrieben (gleich der des Manes)	„
Du sang des stigmates de Saint-François d'Assise	„
De la chair du bienheureux Antoine Fatati	„
Le corps de Saint-Jude	„

A Saint-Pierre ès liens:

Les corps des sept frères Machabées	„
Les chaînes, qui lièrent Saint-Pierre à Jérusalem et à Rome	„

A Sainte-Praxède:

L'image du Sauveur donnée par Saint-Pierre au sénateur Pudens	„
La colonne de la Flagellation	„
Trois épines de la Sainte Couronne	„
Une dent de Saint-Pierre	„
Une dent de Saint-Paul	„
De la peau de Saint-Charles Borromée	„

A Saint-Roch:

Deux calottes de Saint-Pie V.	„
De l'huile du tombeau de Sainte-Catherine	„
Des entrailles de Saint-François Caracciolo	„
Des entrailles de Saint-Ignace de Loyola	„
Des entrailles de Sainte-Camille de Lellis	„
De la chemise de Sainte-Agnès de Merici	„

A Sainte-Sabine:

La pierre que jeta le démon à Saint-Dominique un jour qu'il était en prière	„

A Saint-Sébastien:

La dalle sur laquelle le Sauveur laissa la trace de ses pieds, lorsqu'il apparut à Saint-Pierre (on peut s'en procurer des fac-similes), eine Sri-Pada (wie auf dem Oelberg)	„

A Saint-Sylvester in capite:

Le capuchon de Saint-François d'Assise	„
Un morceau de l'éponge de la Passion	„
La Sainte-Face de Notre Seigneur	„

Dann die Irrfahrten der „Santa Casa de Lorette", erreichbar schon in der pèlerinage „d'intention" (wie in der Abtei von Douay geübt).

Menschheit, so lange nur ein Bruchtheil dieser der Kenntniss
zugänglich war.

Man sieht, die Schützlinge der Ethnologie haben noch viel aus den
Geschichtsvölkern zu lernen, und vielleicht die Philosophen dieser, durch
jene, über ihre eignen Landsleute.

Den Schlussstein des Ganzen, und vielleicht schon über die Spitze hinaus-
geschossen, bildet „La Paillasse de Benoit Labre à Amettes". Als dieser
„bienheureux pélerin et mendiant" (s. Aubineau) aus Gefängniss in Gefängniss
(bei Anklagen wegen Diebstahl, Vagabondiren u. s. w.,) schliesslich von Arras
bis Rom gelangt war, liess er sich (enveloppé de haillons sordides) in einem
Loche nieder „plus favorable assurément à un animal qu'à un homme", sich
nährend „avec les débris plus ou moins gâtés et dégoûtants, qu'il trouvait
dans les rues", und sehr begreiflich: „répandant une odeur fétide" („sa vue
seule donnait la nausée"). „Il ne se lava point, il garda les insectes qui
le devoraient; ils pullulaient sur lúi, c'était pour d'autres un sujet d'édi-
fication (l'horreur que sa saleté escitait parfois, la répugnance qu'on mani-
festait à l'approcher dans les rues et au sortir des églises était pour lui
une delectation). Seine Anhänglichkeit wuchs für „toute cette vermine
grouillant sur lui; il la ramassait avec soin et la faisait eutrer dans ses
manches; il aimait ce cilice vivant, qui matait la chair et l'émpechait d'être
recalcitrante". Einer der geistlichen Besucher, der auf sein Bitten um eine
Waschung sanft, aber entschieden abgewiesen wurde, „les avait vus de
grosseur formidable, courir par troupes sur les habits et dans la barbe
du serviteur de dieu, ainsi qu'à travers le grains du chapelet passé à
son col".

Dennoch stritten sich die Frommen um seine Reliquien (le custode
Léopold était assailli de demandes, on alla jusqu'à lui demander quelque
insecte qui eut été trouvé sur le miserable), man sammelte die Schmutz-
brocken des Bettelsack's, um Suppe davon zu kochen (une des soeurs de
l'hopital de Paray, Marie Louise de Labaille, recueillit précieusement des
miettes de pains qu'elle trouva dans la besace du mendiant et les autres
soeurs curent, avec elle, la dévotion de mettre ces miettes dans leur soupe
afin d'en nourir leurs ames bien plus que leurs corps), und der Strohsack
(sur laquelle le bienheureux mendiant à étendu pour la dernière fois ses
hôtes immondes), „cette relique inappréciable" wurde (par un lieutenant des
Zouaves pontificaux) nach Amettes gebracht (1867), vom Bischof von Arras
proclamirt als: un des nos pélerinages „nationaux" (heisst es im Buche des
Compatrioten).

Beim Weihefest in Gegenwart dreier Bischöfe (und 20—300.000 individus)
verglich Mgr. Lequette den Heiligen mit einer Blume und sprach vom „odeur

Der Philosoph lebt im Gedankenkreis des Gebildeten, den

de ses vertus" (in „comparaisons aromatiques"). „Benoit Labre doit être pour nous un modèle dont nous avons à imiter les exemples et à reproduire les vertus". On se gratte rien que d'y penser, fügt der Compatriote hinzu. Dagegen wird dem classischen Cyniker das Zeugniss der „Sauberkeit" ausgestellt (von Athenodorus) und Göttling fügt hinzu: „Man muss ihm die Gerechtigkeit widerfahren lassen, dass er diese seine doppelte Ascetik, körperliche wie moralische, niemals in einer unreinlichen und widrigen Weise ausübte, wie manche Kuttenträger". Mit diesen Arm in Arm wurde das Jahrhundert in die Schranken gefordert.

C'était pour abattre l'esprit immonde, que Benoit avait embrassé ce régime de vie si dur, si odieux à la nature, et qui était, pour ainsi dire, à l'avance, une réponse aux théories et aux progrès du XIXième siècle. Aux approches de cette Revolution, où tant d'esprits voient une conquête et une gloire, et qui a été uniquement la réhabilitation de la matière; a l'aurore de ce régne du sensualisme que les générations, oublieuses du ciel, ont voulu établir sur la terre, et qui les écrase et les ravale si complètement de nos jours, la Providence n-a-t-elle pas donné une mission particulière à notre bienheureux, qui a voulu transformer en tribulations de la chair tous les appétits de la nature?"

Die Belohnung blieb nicht aus (in der Promotion „du célèbre pouilleux"). Il doit sa situation à Pie IX, qui le décréta béat en 1859 et le couronna définitivement d'u nimbe en 1873. Benoit Labre avait langui quatre-vingt-dix ans après cette suprême promotion, mais une notoriété rapide devait le dédommager des impatiences de l'attente und „l'entercession de notre bienheureux" (wie der Bischof von Arras hofft) „ne sera pas inefficace pour le triomphe du Sainte-Siège et le salut de la France". Auch wurde „sauvez Rome et la France} beim Umzug gesungen für Labré, en qui „la Semaine religieuse d'Arras" salue „le liberateur" de la France et „le defenseur" du Sainte-Siège.

Dies ist der jüngste Heilige, und ein in jeder Hinsicht würdiger, um der letzte zu sein. Auch ein sehr willkommener, denn da man ihn mit Freuden, mit Haut und Haar, mit Ranzen, Schmutzloch und Lumpengepack gern und ganz seinen Freunden überlassen wird, sind keine Schwierigkeiten in Competenz-Conflicten oder Aehnlichem zu fürchten, wie wenn der von St. Domingo befürwortete Vorschlag zum Besten Columbus' Beifall gefunden, und es sich also um Bestätigung einer in der Geographie bereits anerkannten Heiligkeit hätte handeln können.

Schon durchdringt der Ruhm des „Pouilleux mystique" den Erdkreis: Les cartes portant reliques se distribuaient tous les jours par centaines pour tous les coins de l'univers. Dans le court espace de quatre mois, à

er nicht nur bis in seine Subtilitäten durchdringt, sondern bei

dater du jour de la mort, il s'en était écoulé plus de 80,000. Un calcul minutieux, fait trois ou quatre ans plus tard, en portait le nombre à plus de 250,000. Depuis, les demandes n'ont jamais cessé, non-seulement des divers Etats de l'Europe, specialement de l'Espagne et du Portugal, mais encore de l'Amérique et de la Haute-Asie. Et si l'on fait le compte de ce qui a dû être distribué par les propostulateurs successifs, il est à croire que le total n'est pas beaucoup au-dessous d'un million.

So wird mit Zinsen wieder eingebracht werden, was vom Staate vorgeschossen, denn: ce n'est pas sans stupeur, qu'on lit au Bulletin des Lois un décret du 6. Août 1861, contresigné de Forcade et Rouland, ainsi conçu:

Napoleon, par la grace de dieu et la volonté nationale, empereur des Français etc.

Avons décrété et décrétons ce qui suit:

Art. 1er: Il est ouvert à nostre ministre secrètaire d'État de l'instruction publique et des cultes sur l'exercice 1861 un crédit extraordinaire de dix mille francs (10,000 francs) pour concourir aux frais de la beátification du bienheureux Labre.

Art. 2: Il sera pourvu à cette dépense au moyen des ressources accordées par la loi du budget de 1861.

Art. 3: La régularisation de ce crédit sera proposée au Corps législatif, conformément à l'article 21 de la loi du 5. Mai 1855....

Fait au palais de St. Cloud le 6. Août 1861.

Und aus diesem Palaste flossen manche Huldbezeigungen solcher Art, flossen die Kosten (couverts par l'ex-impératrice Eugenie) für die in Amiens erbaute Capelle, zum Empfang der heiligen Theudosia, welche als tugendhafte Gattin des Aurelius Optatus zur Jungfrau reducirt wurde in der heiligen Aurelia, und diese (rien ne s'oppose) eine Märtyrerin, wie Santa Flavia (in Nevers), „car, l'histoire à la main nous pouvons laisser errer notre imagination à travers les pieuses suppositions et probabilités". Immerhin wäre sie kaum die schlimmste. „Pourvu, (dit après Bellarmin, le pape Benoit XIV, cité par Mgr. Gaume) qu'il soit constant, qu'une personne est vraiment martyre, l'église n'hésite pas à la placer parmi les bienheureux et les saints, quand même, avant le martyre, elle eut été couverte de crimes".

In welcher Zeit leben wir, jetzt am Ende des XIX. Jahrhunderts, nach tausendjähriger Pflege eines logischen Denkens? Und man meine nicht, mit vornehmer Beseitigung hier fertig zu werden, unter Verweis in das Capitel des Aberglauben's. Der Vorwurf des Aberglaubens, als ein relativer, bleibt gegenseitig, und das Dogma eines wissenschaftlichen Aberglaubens bei passender Gelegenheit ganz mundgerecht. Wie stellt sich hier die

pathologischen Abirrungen oft auch erfolgreich zu heilen vermag,

Tagesmeinung der vox populi, wenn bei der Abstimmung auf der einen
Seite die Millionen und Milliarden stünden, die in der Umfangenheit clericaler
Weltauffassung leben, auf der andern das Häuflein derer, die sich mit ihrem
Anhang zur Gelehrten-Republik der Gebildeten rechnen dürfen. Nennen
wir sie die „Upper-Tenthousand", viel wären es dann nicht, aber auch diese
noch im Vorwurf falscher Prätensionen verletzbar, für die Ranggliederung nach
oben. Wo die (ihrer Zeit) höchste Frau im Lande und ihr Gemahl (also
die Aller-Obersten) mitredeten, bleibt den officiell oberen Klassen, denen in
Kirche und Schule Cultus und Cultur anvertraut ist, eine Verweisung darauf
freigestellt, und unter den in solcher Höhe und Weite lautschallenden
Ruhmeserhebungen bietet sich jede bequeme Leichtigkeit zum Ignoriren
unbequemer Namen, selbst solcher, die in ihrem Quadrat der Arbeitstheilung,
jeden anderen um Kopfeslänge überragen sollten. Sollte es für einen Augenblick auch besser werden, fehlen doch die Garantien für die Zukunft, so
lange nicht ein natürlich gesunder Anhalt in den grossen Massen gefunden
ist, denn dem Instinct der vox populi allein zu vertrauen, hat sich für
Philosophen und Gelehrte, weder in Athen noch in Rom, bewährt. In der
Literatur haben wir es Alles für uns selbst, wir decretiren, wie es uns
gefällt, denn tel est nôtre plaisir. Wir lobhudeln, wir balgen und ver-
tragen uns, darin sind wir ungestört, das sind innere Angelegenheiten,
um die sich die da draussen wenig kümmern. Wir erschöpfen uns in
feinsten Scheidungen der Kunstkritiken, zum Nutz und Frommen geistiger
Schärfung allerdings, aber im engen Kreuzen der Waffen, die Aussen-
stehende weder treffen können noch sollen. Wenn mit aufschwimmender
Crème verglichen, wird die Aristokratie des Geistes in ihrer Isolirung bestätigt. Es fehlt ein Verwachsen mit dem Volk, die organische Wechselwirkung, und sie wird erst angebahnt werden können, nachdem die Gelehrten
gelernt haben, was das Volk überhaupt ist, und dort zwar, wo dies überhaupt nur zu lernen, in der Kunde vom Volk, oder der vergleichenden Völkerkunde, zur Normirung des Durchschnittsmenschen.

Wünscht man, im Pflichtbewusstsein der Popularisirung, die Erfolge
einer Gesellschaft de propaganda fide auch für die Wissenschaft, so verlangt
sich zunächst eine entsprechende Organisation, und diese wieder vorher eine
Orientirung über das Terrain, auf welchem zu arbeiten wäre. Hierbei könnte
den mehr esoterischen Klassen der Gelehrsamkeit die Ethnologie eine natür-
liche Vermittlung bieten.

Bei einiger Kenntniss der in der Ethnologie schon vor Florence Cook's
(als Mad. Corner) oder Firman's Entlarvung [aber freilich: „die gesunde
Vernunft muss logisch schliessen, dass, wenn Geister sich manifestiren

aber die *κοιναὶ ἔννοιαι* kommen in der Praxis selten vor, und selbst wenn (wie etwa bei den Stoikern)*) besondere Aufmerksamkeit darauf gerichtet ward, ist die Entwerfung eines objectiven Bildes für denjenigen schwierig, der, als innerhalb derselben

können, sie auch zu mystificiren vermögen*] längst geläufigen Thatsachen, würde es auch nicht dazu gekommen sein, dass ein belletrisches Zeitungsblatt der neuen Welt von Lehrern an einer Universität in der alten, den „geistersehenden Mitgliedern" (s. Henne-Am Rhyn) der Facultät hätte sagen dürfen: „Diese Herren ziehen die Wissenschaft und die freie Forschung in den Staub, indem sie die erbärmlichsten Gaunerstückchen, die offenbarsten Betrügereien in unglaublicher Verblendung für Wahrheit hinnehmen und verächtliche Albernheiten, die in Tingil-Tangals gehören, in die Hallen der Wissenschaft einführen, als wären sie ebenbürtig mit höchsten Problemen." Und doch sogar ein „Aufruf zur Partei-Ergreifung an die deutschen Studenten" oder (bei Kreyher) eine „unerwartete Bestätigung" christlicher Lehren aus der „Erscheinung materieller Geisterhände" gezogen (1880 p. d.). Wahrlich, proh deum atque hominum fidem, man wird an sich selbst irre, an dem eigenen Kopf wie an der Welt, und Alles mag sich schliesslich im sinnverwirrenden Schwindel drehen, wenn nicht bald eine durch die Induction gesicherte Grundlage für die Wissenschaft vom Menschen gefunden ist. Gebt uns endlich Ethnologische Museen (Museen, die uns den Menschen in seinem Durchschnittsmaassstab vor Augen führen), um wenigstens einen Ansatzpunkt für den Anfang zu erfassen. Sie werden uns Nichts neues lehren, nichts, was den nach Maass und Zahl geregelten Constructionen eines aus der Geschichte genährten Geistes ebenbürtig zu sein vermöchte, aber wir können, wenn wir wollen, des Neuen viel daraus lernen, nämlich das unter allseitiger Controlle dauernd Gesicherte im Geistigen, das organische Band seiner Wachsthumsprocesse, den Einklang gesetzlicher Harmonien — und dies von einem, weil bisher unbekannten oder doch unzugänglichen, deshalb insofern neuen, und zugleich dem von der Natur selbst als natürlich angewiesenen, dem folglich eigentlichen, Gesichtspunkt aus.

*) Während die aristotelische Schule (die im ganzen Mittelalter dominirte) „ne pouvait guère agir sur l'opinion du grand nombre, le Stoicisme, au contraire, ambitionna l'honneur de créer une philosophie pratique, dans laquelle tout serait subordonné à l'utilité et où toute théorie serait jugée par ses applications" (s. Bouché-Leclerq). Wenn gegenseitiges Missverständniss die Annäherung erschwert, mag das Entgegenkommen grade Opposition hervorrufen, im Glauben: ut quisque optime Graece sciret, ita esse nequissimum.

Entwicklungsreihe, auch wenn auf der höchsten Stufe, doch immer nur auf einem Stufengrade steht.

Je fremder nun, je fremder*) und ferner seine Objecte einem Beobachter gegenüberstehn, je kälter sie ihn gleichsam lassen, und also indifferenter, desto weniger wird subjective**) Trübung zu

---

*) Bei den Schwierigkeiten des (unter den γράμματα δελφικά) Chilon oder (bei Porphyrius) Panothea zugeschriebenen Spruches (als ἐπιστήμη τῶν ἐπιστημῶν bei Plato), dessen Lösung der Brahmane (bei Aristoxenus) in's Uebersinnliche verweist, wollte ihn Menander (bei Stob.) geschrieben wissen, als γνῶθι τοὺς ἄλλους, und in diesem γνῶθι σεαυτον (ut nosmet ipsos nosceremus) „tanta vis et tanta sententia est, ut ea non homini cuipiam, sed delphico deo triburetur" (und so Apollo von Clearch). „Ohne Selbsterkenntniss" wird man auch Anderes nicht verstehen lernen, ein Anderes wird für uns nur durch den Gegensatz unseres Selbst, und die indische Lehre sprach es in einer tiefsinnigen Weise aus, dass die Welt dadurch geworden sei, dass Brahma sich selbst beschaut habe: deshalb wird der delphische Satz stets das Fundament unserer Erkenntniss bilden müssen, nicht sowohl, wie Socrates sagte, weil all unser Wissen eine Wiedererweckung unser selbst sei, sondern im Sinne des Pythagoras, der da vollkommen richtig lehrte, der Mensch sei das Maass in Allem, welchen Satz Novalis so ausspricht: *zur Welt suchen wir den Entwurf, dieser Entwurf sind wir selbst,* während in dem orientalischen Spruch: „*Wer sich selbst erkennt, erkennt seinen Gott"* (bei Hammer Purgstall), der gleiche Gedanke ausgesprochen ist" (s. Göttling). Der Mensch sollte zu einem Mikrokosmos gebildet werden (s. Baur) durch den manichäischen Archon (construebantur et contexebantur omnium imagines, coelestium ac terrenarum virtutum, ut pleni videlicet orbis id, quod formabatur, similitudinem obtineret).

**) Die ethnologische (im allgemein menschlichen Character) würde sich in directen Gegensatz stellen zu theokratischer Anschauung, welche in der, aus den Propheten von den Sibyllen bis zum Concil von Nicaea (nach des gekrönten Präses eigenen Worten) übernommenen Rolle, die Geschicke des ganzen Erdball's sich gehorsamst um die eines auserwählten Volkes drehen lässt, welche zum Zeitvertreib des verhätschelten Schoosskindes alle Weltenreiche nach einander verächtlich in Stücke zerschlägt und neben dem Kasten oder der Kaste, innerhalb des μεσότοιχον τοῦ φραγμοῦ, das gesammte Menschengeschlecht mit Plagen und Strafen überschüttet (mit deren Androhungen wenigstens). Auf solch subjectivem Standpunkt steht „der Einzige und sein Eigenthum", ihm dagegen gegenüber das Gesellschaftswesen in objectiver Umschau. — oft einigermaassen überrascht durch „fröh-

fürchten sein, desto eher also ein ungefälscht reines Resultat zu erhoffen.

Hier scheint nun der Punkt zu sein, wo die Ethnologie eine Aushülfe verspricht, wo sie einstens in unsere Culturgeschichte eintreten wird, und dem Geist dann eine Waffe in die Hand geben, wie er sie gleich mächtig bis jetzt auf Erden noch nicht geschwungen, weil dann eben mit dem Gesammt-Apparat geistiger Menschenarbeit operirend.*)

Die Ethnologie, wenn noch in Zeit mit genugsamem Material versehen, wird den durchschnittlichen Menschheitsgedanken (nach seinen normalen sowohl, wie pathologischen Zuständen) in tausendfachen Wiederholungen comparativer Behandlung und Betrachtung vorführen, und zwar in solch zahllosen Wiederholungen nicht nur, sondern zugleich in zahllosen Wiederholungen der Vergleichungspunkte, (je nachdem Wandlungen im Nebeneinander oder im Nacheinander ihre Phasen an einander erproben), zahllos dann noch in Erneuerungen unter der Verschiebungsfähigkeit der Anordnungen.

Wenn dann nach Concentrirung des Thatsachengewirrs zur Essenz der Theorien, ein mit solchem Extract geklärtes Auge den Menschengedanken in all den Wandlungen seiner Existenzmöglichkeiten und, in diesen wieder, die Verkettungen der Evolutionsreihen (im Nebeneinander und Nacheinander gegliedert) mit kurzen Blicken zu durchschauen und, bei Vereinfachung der verwickelten Rechnungen unter den Formeln eines höheren Calculs, zu verstehen vermag, dann wäre damit das von der Natur selbst gelehrte Grund-

liche Botschaft" (meint Langhans) im „Lieblingsthema der Missionspredigt, die überall mit ungestörter Sicherheit vorgetragene Lehre von der ewigen Verdammniss". Populärer war der frühere Plan, wenn Arius (nach Philost.) „Schiffer-, Müller- und Marschlieder zu sangbaren Weisen" dichtete (s. Burckhardt), während kürzlich auch eine „Volksmetaphysik" zur Sprache gekommen.

*) Keiner hat wohl daran gedacht, zu erforschen und der Vergessenheit zu entziehen, was dazu beitragen könnte, das Verständniss der Aeusserlichkeiten des Gesetzes dieses Volkes zu eröffnen, Licht in seine Geschichte, vielleicht in die Geschichte der Menschen zu bringen, und die grossen Räthsel, die uns Polynesien bietet, aufzulösen *(Chamisso)*.

gesetz für gesunde Normal-Entwickelung des gesellschaftlichen
Staatslebens gegeben, also auch die Indication für Rectificationen,
soweit sie sich nöthig zeigten; und was aus den Objecten studirter
und secirter Organismen der Naturstämme gelernt wäre, das
könnte dem Organismus desjenigen Staatslebens*) zu Gute kommen,
worin das eigene Subject eingewachsen, selbst erwächst. Bisher
standen oftmals nur historische Leichen zur Disposition — sie freilich
von grandiosester Form, in ihren Skeletten selbst noch imposant,
jetzt jedoch treten zugleich Vivisectionen hinzu, aus der Hülle und
Fülle des bunten Völkergetümmels überall aufgegriffen, und in der
Vergleichung beiderseitiger Daten, sowie der dadurch gelieferten
Ergänzungen, mag manche Verhüllung zerrissen, manch' ungeahnter
Ausblick in die Geisteswelten eröffnet werden.

Obwohl in der vorliegenden Schrift die Ethnologie eine Zeitfrage, und zwar eine brennende genannt ist, so werden doch der
Leser gar Manche sein, die sich im Grunde nur wenig dafür
erwärmt finden dürften. Die Sache ist noch zu neu und die
Gesichtspunkte liegen, selbst räumlich, etwas fern. Mit Leib und
Seele pflegt man nur zu Gunsten desjenigen einzutreten, wofür
sich bereits aus alter Vertrautheit sympathische Wechselwirkung
empfindet, ein innerliches Verwachsen durch allerlei Interessen,
nicht ideale allein. Was sie eine sogenannte Ethnologie angehen
sollte, werden die Meisten nicht recht begreifen.

Wer dagegen aus irgend welcher Veranlassung dazu gekommen
ist, dieser ihrer eignen Natur nach, wie gesagt, noch gar fern-
liegenden Sache einigermaassen näher zu treten, der meint, in der
Ethnologie nicht nur eine Zeitfrage, nicht nur eine brennende,

---

*) Mit dem Leib des Menschen (b. Polybius) verglichen, im Wachsthum,
Höhepunkt und Hinschwinden ($\alpha\ddot{\imath}\xi\eta\sigma\iota\varsigma$, $\dot{\alpha}\varkappa\mu\dot{\eta}$, $\varphi\vartheta\dot{\imath}\sigma\iota\varsigma$), als natürlichen Entwicklungsgang der irdischen Dinge (s. Lasaulx), so dass $\dot{\eta}$ $\pi\varrho\dot{o}$ $\tau\dot{o}\nu$ $\beta\acute{\imath}o\nu$
$\dot{\eta}\mu\tilde{\omega}\nu$ $\dot{\alpha}\nu\alpha\lambda o\gamma\acute{\imath}\alpha$ $\tau\tilde{\eta}\varsigma$ $\tau\nu\chi\tilde{\eta}\varsigma$ aus Vergleichungen schöpft, um $\tau\acute{o}$ $\tau\tilde{\eta}\varsigma$ $\tau\nu\chi\tilde{\eta}\varsigma$
$\chi\alpha\lambda\epsilon\pi\acute{o}\nu$ (bei Phalereus) in seinen Zeichen zu erkennen und deuten.

sondern die brennendste der Gegenwart zu erkennen, ja die brennendste Frage, die jemals auf unserem Erdplaneten aufgeflammt ist, im bedrohlichsten Scheine unheimlich leuchtend, und zwar im letzten für die Zukunft, denn die von ihr gestellte Frage, ob die Geschichte der Menschheit jemals wird geschrieben werden, verzehrt sich in ihrer eigenen Gluth.

Natürlich fällt diese „brennendste Zeitfrage" leicht in das Capitel derjenigen Phantasien, mit denen sich von jeher missmuthige Enthusiasten jeder Art ihr eigenes Leben qualvoll zu machen lieben und ihren Nebenmenschen, denen stete Bohrungen nichts weniger, als angenehme Lustempfindungen zu erwecken pflegen, in andauernden Belästigungen Ueberdruss schaffen*). Jeglicher begeistert sich für das, wohinein er sich verfressen hat, der Mensch (des geflügelten Wortes) ist, was er isst, (in psychischer Nahrung wenigstens, als „geistiges Thier"), und so giebt es der Zeitfragen genug, bei denen dann oft allerdings materielle Interessen bester Berechtigung mitzusprechen, und solcher Berechtigung wegen deshalb auch Gehör zu verlangen, ihr gutes und bestes Recht, als rechtmässigen Besitz, darum beanspruchen dürfen.

Derartige Losungsworte für Zeitfragen fahren demnach im Ueberfluss einher, es bildet sie sich ein Jeder, — im feinfühlerischen Gleichklang mit dem Ganzen oder in individueller Idiosynkrasie, — ein Jeder nach eigener Liebhaberei, und Jeder auch mit der Kost zusagenden Trostes: der Eine mit dem Gewande eines Propheten in der Wüste umkleidet, der Andre an die Zukunft appellirend, (obwohl, nebenbei gesagt, solche Zukünftler sich enttäuscht fühlen möchten, wenn sie den Dank der Nachwelt erwarten für dieser zugeschobene Arbeit, die vielmehr ihnen selbst auferlegen hätte). Dann möchte sich die Rolle eines Märtyrers zu fernerer Auswahl empfehlen,

*) Wie ihrer Umgebung jene πρόμαντις (οὐκ ἐστι μάντις, ἀλλὰ μαινομένη μάτην λαλαῖ), durch ein „gequältes Herz" (wie der Dichter es singt), als ein Sibylle oder ϑεοβουλη, so lange noch nicht in der Ruhe der Durchleuchtung ein Pythagoras mit Python's Stimme sprach, oder Buddaghosa mit der eines Buddha.

doch leider nicht im Tagesgeschmack, weil mehr Spott vielleicht, denn Beileid erntend. Also Nichts — so hart es manchen Sammetbänden klingen mag — Nichts wird schliesslich übrig bleiben, als ehrliche Arbeit, als unverdrossen emsig Hand ans Werk gelegt, und dabei (wenn noch ein Rathwörtchen einlaufen darf) seien die Erholungsstunden thunlichst kurz bemessen, im Hinblick auf heranziehende Nacht. Die Sonne steht schon tief (schief schielend und spöttisch, liesse es sich deuten, über das in so später Abendstunde ohnmächtige Beginnen).

Da das, für den Augenblick indess, noch fortdauernde Tageslicht keiner künstlichen Beleuchtung bedarf, würde blindem Eifer verfallen, in hartnäckiger Wiederholung stereotyper Sentenzen eine Polemik darüber hervorrufen zu wollen, ob eine ethnologische Zeitfrage vorliege, ob, in diesem Sinne gestellt, eine Zeitfrage überhaupt, — das Brennen derselben noch ganz bei Seite gelassen (und vom Halse gehalten). Denn wenn die Sensitiveren allzu oft mit dererlei Brandlichtern geprickelt werden, setzt man nur böses Blut. Erweist sich der Thatbestand (einfach, wie er vorliegt) nicht klar und richtig vor den Augen der Gesammtheit, deren Ansicht hiermit zu erwarten bleibt, so möchte das angeregte Problem ein zu heiliges scheinen, um durch Ueberredungskünste zu einer Parteifrage Einzelner aufgebauscht zu werden.

Was ich meinerseits nun über diese Angelegenheit zu sagen hatte, findet sich in den obigen Zeilen niedergelegt. Jedem, der sich überhaupt darum kümmern will, bleibt, auch ohne meine Erlaubniss, sein eigenes Urtheil unbenommen.

Sollte es bei Einem oder Anderm nicht abgünstig ausfallen, so könnte er, wo immer sich findend, in befreundeten Kreisen Vereinigungen anzuregen beginnen, vorbehaltlich weiterer Organisation. Wenn dann einstens unsere Epigonen mit uns zu rechten kommen, über die durch unsere Schuld verloren gegangenen Documente. würde ihnen doch ihr Spiel insofern wenigstens verdorben sein, dass sie Ausnahmen zu constatiren hätten, und es dürfte auch als durchaus billige Compensation erscheinen, wenn wer nicht zu tauben Ohren unter den Jetzigen gehörte, aus dem Munde Späterer forttönen wird, in der Feier seines Namens.

Möge bald ein Befähigter erstehen, der das Predigen besser versteht, und deshalb durchgreifenderes Gehör erzwingen wird, als dem bis heute nur zaghaft hörbaren Lallen in Aussicht steht, so gut es damit auch gemeint sein mag. „The natural history of man is, indeed, yet in its infancy" *(Lawrence)*, also mit allen Schwächen der Jugend begabt, freilich aber zugleich auch mit allen ihren Vorzügen, und der Hoffnungen voll, wobei die schwärmerischen in den Kauf zu nehmen sind. Trotz dieser braucht kein Schaden gefürchtet zu werden für die practische Durchführung, wenn es damit nur einmal erst ächter und rechter Ernst geworden.

Dimidium facti, qui coepit, habet!

BEILAGE.

Druckfehler-Verzeichniss.

S. 1 Z. 3 v. u. *statt* Naturwissenschaft *lies* Naturwissenschaften.
S. 6 Z. 1 v. o. mit (fällt weg).
S. 6 Z. 2 v. o. im „ „
S. 6 Z. 9 v. o. *statt* des *lies* der.
S. 7 Z. 4 v. o. „ Namensbezeichnung *lies* Namensbezeichnungen.
S. 8 Z. 14 v. o. „ Elscholtz „ Elscholtz's (ohne Komma).
S. 9 Z. 8 v. u. „ Condellac „ Condillac.
S. 12 Z. 5 v. u. „ eine „ einer.
S. 13 Z 11 v. u. „ politiqués „ politiques.
S. 15 Z. 3 v. o. „ idée „ idées.
S. 17 Z. 3 v. u. „ du „ de.
S. 18 Z. 4 v. u. „ controuverse „ controverse.
S. 21 Z. 11 v. u. „ Schooleraff „ Schoolcraft.
S. 26 Z. 13 v. o. „ consquents „ consequent.
S. 27 Z. 7 v. o. „ Gausesammtvergleichung *lies:* aus Gesammtvergleichung.
S. 30 Z. 15 v. u. „ sprachliche „ sprachlicher.
S. 30 Z. 14 v. u. „ eingeleitete „ eingeleiteten.
S. 36 Z. 1 v. u. „ hatten „ hatte.
S. 37 Z. 5 v. u. „ herausgegebene „ herausgegebenen.
S. 38 Z. 2 v. u. „ awowed „ avowed.
S. 39 Z. 10 v. u. „ plan-los „ planlos.
S. 40 Z. 14 v. o. „ dem „ den.
S. 49 Z. 4 v. o. „ Begenung „ Bewegung.
S. 64 Z. 16 v. u. „ ephemene „ ephemere.
S. 67 Z. 7 v. o. „ in „ von.
S. 70 Z. 13 v. u. wie (fällt weg).
S. 85 Z. 6 v. u. *statt* emporwachsender „ emporwachsend.
S. 86 Z. 11 v. o. Schritt (eine Zeile höher: abgeschnittene Schritt).
S. 88 Z. 4 v. o. *statt* sind *lies* sein.
S. 94 Z. 3 v. o. „ an „ in.
S 101 Z. 2 *lies:* n'entend.
S. 101 Z. 5 „ mondo di stupidita.
S. 102 Z. 8 „ aucune.
S. 110 Z. 17 „ caleçons.

*) Der bereits seit dem Alterthum in verschiedenen Ausdrucksweisen variirte Spruch, dass das eigentliche Studium des Menschen der Mensch sei, hat erst in unserer Zeit seine Anerkennung gefunden in der Begründung der Wissenschaft vom Menschen, der Anthropologie und der Ethnologie, und ihrer Ausbildung nach der inductiven Methode, gleich den übrigen der Naturwissenschaften.

Als diese in dem die Gegenwart vorbereitenden Zeitalter der Reformen ihre heutige Gestalt anzunehmen begannen, machte sich zunächst das Bedürfniss nach dem anschaulichen Material der Studien geltend, das Bedürfniss nach Sammlungen, aus denen sodann die Museen erwuchsen. Die Piscinen und Aviarien des Alterthums, zu welch' letzteren im alten Mexiko sich Analogien fanden, dienten praktischen Zwecken, und so die botanisch-medizinischen Gärten, von denen der älteste in Salerno von Gualterus angelegt sein soll (1333). Erst mit den Academien-Gründungen von Padua (1520), Neapel (1560), Rom (1590) u. s. w. erhielten die von Adrian Spiegel (1606) empfohlenen Herbarien diejenige Ausdehnung, wie sie die gleichzeitige Ausdehnung der Entdeckungsreisen ermöglichte, und es traten jetzt Naturalienkabinette hervor, wie das durch Aldrovandi der Universität Bologna's hinterlassene. Die zoologischen Sammlungen wurden durch die Einführung des Spiritus als Aufbewahrungsmittel erleichtert, aber die Taxidermie hatte für entsprechende Darstellungen bis zu Becoeur's Erfindung der Arsenikseife zu warten. Die Steinsammlungen wurden im vorigen Jahrhundert zur Modesache, besonders aus dem Bestreben

*) Nationalzeitung 1877 (No. 580).

hervorgegangen, „Beweise für die allgemeine Ueberschwemmung
zu finden", wie Sprengel (1751) bemerkt.

So sind es unscheinbare Anfänge, aus denen sich in verhältnissmässig kurzer Zeit die grossen Museen der Naturwissenschaft, die mineralogischen, botanischen, zoologischen Sammlungen
entwickelt haben und mögen bald sich ihnen jetzt die ethno-
anthropologischen in gleicher Vollständigkeit anreihen.

Als das Verständniss für ihre Bedeutung, ganz kürzlich erst,
erwachte, als die Tragweite derselben zum Bewusstsein kam, da erkannte man zugleich, dass hier Gefahr im Verzuge liege, dass, wenn
man versuchen wolle, den Menschen in den verschiedenen Variationen
seines Typus zum Gegenstande des Studiums zu machen, dies
heute noch geschehen müsse, weil morgen bereits die grössere
Zahl der rasch dahinschwindenden Naturstämme den Stempel der
Originalität verloren haben würde. So trat um so mehr die
Wichtigkeit, die Nothwendigkeit der ethnologischen Museen hervor,
um in ihren Räumen das eben noch Erreichbare zu retten und
die so gewonnenen Reliquien der Nachwelt zu überliefern, für
welche sie sonst für immer verloren gegangen sein würden.

Das ethnologische Museum Berlins hat sich in den letzten
Jahren mancherlei Begünstigungen zu erfreuen gehabt, um der
ihm gestellten Aufgabe zu genügen, soweit es durch die beschränkten Räumlichkeiten erlaubt ist, und es kann auch insofern
für besonders begünstigt gelten, weil die Wurzeln seiner Entstehung weiter zurückliegen, als bei anderen der ähnlichen
Sammlungen.

Schon damals, als Erzherzog Ferdinand († 1595) die später
für Wien bestimmten Kunstsachen auf Schloss Ambras zusammen-
trug, als Churfürst August († 1586) das grüne Gewölbe Dresden's
vorbereitete, legte Churfürst Joachim II. († 1571) den Grundstein
zur Kunstkammer, die mit diesem Namen, wie *Ledebur* in seiner
Geschichte derselben nachweist, im Jahre 1603 erscheint, bei der
Revision nach dem Tode der ersten Gemahlin des Kurfürsten
Joachim Friedrich (der Markgräfin von Brandenburg-Küstrin).

Die Verwaltung war von der der Silberkammer getrennt, indess mit der der Weisszeugkammer vereinigt, die sich im gleichen Gewölbe befand.

Da *König* von Joachim II. sagt: „er liess in der Fremde künstliche Sachen verfertigen und sandte Leute aus, die ihm Seltenheiten und merkwürdige Dinge ankaufen mussten", so könnte schon damals an aussereuropäische Gegenstände unter denen der Kunstkammer befindlichen gedacht werden, doch werden sie so wenig wie die übrigen die Gefahren des dreissigjährigen Krieges überdauert haben, unter denen sie, trotz der Rettungen nach Küstrin und Spandau, sämmtlich zu Grunde gegangen scheinen.

Dagegen bricht jetzt, mit der Regierung des grossen Churfürsten, das Morgenroth des Geburtstages an, für die ethnologische Sammlung sowohl, wie für die mit ihr verbundene der Vaterlandskunde. Von dem an heimischen Alterthümern reichen Boden des Herzogthums Cleve wurden die Antiquare nach Berlin berufen, um die kurfürstliche Antiken-, Kunst- und Naturalienkammer zu verwalten, und von diesen wurden die ethnologischen Sammlungen aufgenommen, die in den Jahren 1671—1678 durch den Major Poleman aus Batavia eingesandt und von dem Churfürsten, während der Belagerung Stettins, mit einem eigenhändigen Dankschreiben anerkannt wurden.

In dem, 20. November 1676 (Batavia in der Vestung), datirten Briefe heist es (nach den Einleitungsworten):

„Bedenke deretwegen erstlich noch zum allerschönsten vor der Churfürstliche höchste Wohlgewogenheit und Landesväterliche Fürsorge, Indem Sie meine Wenigkeit mit 1 Ohmen Rein Wein (durch dero factoren Tiber-Matroos anher übersendende) gnädigst regalirt. Welcher auch auff Sr. Churf. Durchlaucht mit dero hohem Hauses gute Gesundheit und Wohlergehen mit hiesigen Kriegs- und Garnison-Offizieren verzehret und ausgetrunken ist, zum Andern wünsche glück zu denen von Gott an ihro Durchlaucht verliehenen herrlichen Victorien gegen Schwedische feind-

seelige attentementen, der Allmächtige wolle führo J. Churf. Durchlaucht Waffen gegen Dero Feinde reichlich seegnen. Drittens
übersende beygefügt, eine Specification etlicher hiesig inländischer
Armaturen u. s. w." Es folgt dann ein Verzeichniss ethnologischer
Gegenstände (vergl. Ledebur, wie auch für oben).

So war es also der glänzende Sieg von Fehrbellin, der
gewissermaassen dem ethnologischen Museum die Existenz erst
erkämpfte, und möge die damit seine Wiege umschwebende Glorie
seiner Entwickelung auch fernerhin voranleuchten.

Es war hier, wie überall, die Verfolgung der Seewege, die
Erweiterung des geographischen Gesichtskreises im Weltverkehr,
wodurch auch die Ethnologie in ihre Rechte eingesetzt wurde,
Interesse für sie geweckt ward und das Material beschafft. In
Folge der unter Begünstigung der Ostseehäfen mit Holland ein-
geleiteten Beziehungen waren es besonders die Colonien dieses
Handelsvolkes, welche Beiträge zur Völkerkunde lieferten (aus
Japan durch Dr. Andreas Cleyer, sowie von anderen Punkten)
und die Sammlungen des Churfürsten bereicherten.

Sie fanden sich mit den übrigen vereinigt in der damals
sog. „Antiquitäten- und Raritäten-Kammer", die durch einen Erlass
vom 25. April 1685 der Verwaltung Albrechts Kunckels untergestellt wurden und bei dessen Versetzung nach Cleve dem von
Heidelberg berufenen Bibliothekar und Antiquar Lorenz Beger,
später mit dem Titel „Rath, Bibliothekarius und Erster Kunst-
kämmerer".

Bei dem auf Befehl Friedrich III. angefertigten Inventar der
Kunstkammer finden sich unter Rubrik 8: „Ostindische Gewehre".
von denen Einiges an die Rüstkammer abgegeben scheint, während
durch ein anderes Dekret wieder die Rüstkammer sowohl wie die
Schildereikammer, die Bibliothek etc. angewiesen wurden, „alle
für die Kunstkammer sich eignenden Naturalien und Kunstsachen"
dahin zur Aufbewahrung abzugeben, und ebenso stehen private
Schenkungen verzeichnet, neben Ankäufen aus dem Spener'schen
Kabinet, aus der Naturalienkammer Lorentzens v. Adlershelm u. s. w.

Unter Beger's Nachfolger Johann Carl Schott wurde das Antiken-, Münz- und Medaillenkabinet von der Kunst- und Naturalienkammer abgetrennt und Doubletten dieser an Provinzial-Institute überwiesen, wie an Franke's Erziehungsanstalt bei Halle.

Unter der folgenden Regierung wurden die Naturalien der Mehrzahl nach an die Societät der Wissenschaften oder die Akademie abgegeben, und auch sonst trat eine Verminderung der Sammlungen ein, durch Geschenke an fürstliche Häupter sowohl wie durch den von dem Hofschlosser und dem Schlosskastellan verübten Einbruch, für welchen „entsetzlichen Raub" beide Verbrecher mit der Hinrichtung bestraft wurden (1719).

Unter Friedrich dem Grossen fanden sich die Sammlungen anfangs gleichfalls beeinträchtigt, theils durch ihre Zerstreuung zur Ausschmückung der Schlösser, theils unter der russischen Besetzung Charlottenburgs (1760), doch erfreuen sie sich nach Beendigung des siebenjährigen Krieges der gedeihlichen Pflege des Friedens, und nachdem der bisherige Bibliothekar Friedrich Wilhelm Stosch zum Aufseher über das Antiquitäten- und Medaillen-Kabinet ernannt war, wurde auch eine auf diese Studien bezügliche Bibliothek mit der Kunstkammer vereinigt.

Unter seiner Administration fanden die grossartigen Erwerbungen statt, wodurch die Schätze der Münzen und Gemmen nach Berlin flossen, und die Vermehrungen dauerten fort unter seinem Nachfolger, dem Prediger Henry, der zugleich durch seine Anordnung des Kunst- und Medaillen-Kabinets in Berlin dieses dem ersten der damals existirenden gleichstellte, indem auch die in der Akademie angekauften Münzen hinzugefügt wurden.

Das Ganze wurde der Direction der Akademie der Wissenschaften übergeben und es trat eine Ernennung von Abtheilungsdirectoren ein, des Professor Klaproth für die mineralogischen Sammlungen, Professor Wildenow für die zoologischen, Mayer für die botanischen, Meierroth (dann Gedike) und Hirt für die Münzen und Medaillen u. s. w.

Die damalige Acquisition der Redenbach'schen Sammlungen aus Anspach ist seitdem der vaterländischen Abtheilung verblieben, und für die ethnologische wurden 1802 tahitische Sammlungen, 1803 orientalische angekauft, sowie 1806 indische (aus der herzoglich Biron kurländischen Auction).

In dem „Allgemeinen Verzeichniss des Königlichen Kunst-Naturhistorischen und Antiken Museum" (Berlin 1805) findet sich im ersten Zimmer der ersten Abtheilung (Kunst- und Raritäten-Kammer) die „Sammlung von ausser-europäischen Seltenheiten" (nebst einigen anderen), im zweiten Zimmer die „Vaterländischen Merkwürdigkeiten". In der zweiten Abtheilung (der Naturalienkammer) die mineralogischen und zoologischen Sammlungen, in der dritten (Antiken- und Medaillen-Kammer), im ersten Zimmer die Antiken (ägyptische, etrurische, griechische, römische), im zweiten die Sammlung der Gemmen und antiken Münzen, im dritten die der mittelalterlichen und orientalischen Münzen. In der Vorrede spricht Henry die Hoffnung aus, dem „Ziele zur Errichtung eines vollständigen Antiken und Naturhistorischen Museums" bald nahe zu sein.

Dieser erfreuliche Aufschwung sollte nun leider einen traurigen Rückschlag erfahren, als 1806 Denon, der Generaldirector der Pariser Museen, in Berlin erschien, um die Kunstschätze für Frankreich verpacken zu lassen, nachdem bei der Kürze der Zeit Henry's Bemühungen nur die Rettung eines Theils derselben möglich gewesen war, durch ihren Transport nach Stettin und dann über Danzig und Königsberg nach Memel, wobei noch ein Verlust durch Diebstahl (in der Nähe Neustadt's) zu beklagen war.

Als bei der Reorganisation mit der Begründung der Universität die naturwissenschaftlichen Sammlungen mit dieser vereinigt waren, wurde die Verbindung der Kunstkammer mit der Akademie gelöst und ihr eine selbstständige Stellung wiedergegeben, indem auf Henry der Titel eines Directors der Kunstkammer übertragen wurde, mit Levezow als Assistent.

Den aus Ostpreussen nach Berlin zurückgebrachten Sammlungen waren die bei der ersten Occupation von Paris (1814) reklamirten wieder zugefügt, doch blieb der Ersatz trotz der ferneren Ergänzungen bei der zweiten Besetzung (1815) ein durchaus unvollständiger. Indess wurden durch den von dann an ununterbrochenen Fortgang der Erwerbungen die Lücken bald wieder ausgefüllt, mehr zwar für die Sammlungen der Münzen und Antiken, als für die ethnologische, welche erst in letzter Zeit reichlicher bedacht worden ist.

Einiges auf diese Bezügliches findet sich bereits in dem „Verzeichniss von Gemälden und Kunstwerken, welche durch die Tapferkeit der vaterländischen Truppen wieder erobert wurden" (Berlin 1815) und am Schluss der die damalige Ausstellung besprechenden Broschüre bemerkt Hirt: „In einer Hauptstadt, wie Berlin, wo so viele moderne Kenntniss und geistige Bildung verbreitet ist, wird ein königliches Museum ein wahres Bedürfniss".

Dieses Bedürfniss fand dann in der Erbauung der königlichen Museen seine Abhülfe, und als das Neue Museum zugefügt war, wurde dorthin die Kunstkammer mit den Abtheilungen der vaterländischen und ethnologischen Sammlungen vom Schloss aus translocirt.

Es war damals ungefähr, in den 50er Jahren, wo der Umfang dieser neuen Wissenschaften, der Anthropologie und Ethnologie, zur Klarheit gelangte, wo in rapider Bildung die anthropologischen Gesellschaften emporwuchsen, die jetzt in allen Ländern Europa's und auch Amerika's ihre Thätigkeit zu entfalten beginnen, und wo der internationale Weltverkehr den ethnologischen Sammlungen aus allen Theilen der Erde einen unablässigen Strom der Vermehrungen zuführte.

So mussten sich die anfänglich zugewiesenen Räumlichkeiten sehr bald als viel zu beschränkt erweisen, und obwohl es seitdem durch Auflösung der Kunstkammer möglich geworden ist, auch einen Theil ihrer früheren Localitäten für ethnologische Aufstellungen

9*

in Benutzung zu ziehen,*) ist der übrige Theil der Sammlung doch unter so ungünstigen Verhältnissen zusammengedrängt, dass die wissenschaftliche Benutzung auf das Aeusserste erschwert ist, und von einer instruktiven Anordnung für das Publikum kaum die Rede sein kann.

Die Vereinigung der Ethnologie und vaterländischen Sammlungen ist gewissermaassen als die letzte, wenn auch aus späteren Schossen erst entwickelte, Erbin des alten Grundstammes zu betrachten, aus dem sich nacheinander die Kunstsammlungen sowohl, wie die naturwissenschaftlichen, abgezweigt haben, da sie allein ungetheilt und bis zum Ende mit der Kunstkammer vereinigt geblieben ist. Wie den übrigen Zweigen wird deshalb auch für sie eine den Zeitansprüchen gemässe Aufbewahrung erforderlich, und möge so das beabsichtigte Museum für Ethnologie bald fertiggestellt sein, um die in der Zwischenzeit gewonnenen Ergebnisse der Völkerkunde in entsprechender Weise für das Studium der Menschheitsgeschichte verwerthen zu können**).

---

*) Seitdem ist auch diese Hülfe wieder verloren gegangen, und durch den in der früheren Bergacademie angewiesenen Platz nur unvollständig Ersatz geschafft.

**) Seit October 1880 ist der Bau im Fortgang.

Gebr. Grunert, Berlin.